Dorothee Döring

Familiengeheimnisse und Tabus

*»Jeder Mensch ist ein Mond und hat eine dunkle
Seite, die er niemandem zeigt.«*
Mark Twain

Dorothee Döring

Familiengeheimnisse und Tabus

Wie Sie sich Ihrer Vergangenheit stellen können

Bibliografische Information der Deutschen Nationalbibliothek
Die Deutsche Nationalbibliothek verzeichnet diese Publikation in der Deutschen Nationalbibliografie. Detaillierte bibliografische Daten sind im Internet über http://dnb.d-nb.de abrufbar.

Für Fragen und Anregungen:
doering@mvg-verlag.de

Nachdruck 2013
© 2009 by mvg Verlag, ein Imprint der Münchner Verlagsgruppe GmbH
Nymphenburger Straße 86
D-80636 München
Tel.: 089 651285-0
Fax: 089 652096

Alle Rechte, insbesondere das Recht der Vervielfältigung und Verbreitung sowie der Übersetzung, vorbehalten. Kein Teil des Werkes darf in irgendeiner Form (durch Fotokopie, Mikrofilm oder ein anderes Verfahren) ohne schriftliche Genehmigung des Verlages reproduziert oder unter Verwendung elektronischer Systeme gespeichert, verarbeitet, vervielfältigt oder verbreitet werden.

Umschlaggestaltung: Coverdesign Uhlig, Augsburg
Umschlagabbildung: iStock
Satz: Sandra Wilhelmer, Landsberg am Lech
Druck: Books on Demand GmbH, Norderstedt

ISBN Print 978-3-86882-324-0
ISBN E-Book (PDF) 978-3-86415-084-5

Weitere Informationen zum Verlag finden Sie unter

www.mvg-verlag.de

Beachten Sie auch unsere weiteren Verlage unter
www.muenchner-verlagsgruppe.de

Inhalt

Vorbemerkung.. 7

Was sind Familiengeheimnisse und Tabus? 9
Illusionen, Lebenslügen, Familiengeheimnisse und Tabus 9
Familiengeheimnisse und Tabus in Märchen und im
Alten Testament 14

Familiengeheimnisse und Tabus in unserer Zeit........ 21
Sozialer Abstieg 21
Gefühlsmissbrauch 28
Die verheimlichte Herkunft eines Kindes................... 47
Tabuisierte Erkrankungen in der Familie................... 66
Drogensucht in der Familie 79
Gewalt in der Familie 97
Kriminalität in der Familie 120
Sexuelle Normabweichung in der Familie.................. 125
Kriegs- und ideologiebedingte Familiengeheimnisse........ 143
Die geheim gehaltene Erbschaft............................. 162

Die Befreiung von der Last eines Familiengeheimnisses 165
Die Belastung durch ein Familiengeheimnis................. 165
Akzeptanz oder Befreiung 168
Die Befreiung von einem Familiengeheimnis................ 174

Anhang 195
Quellen 195
Literaturempfehlungen 201
Adressen.. 204

Vorbemerkung

In fast jeder Familie gibt es etwas, worüber nicht gesprochen wird oder werden darf: untergeschobene Kinder, heimliche Affären oder verdrängte Kriegserlebnisse. Wenn Schuld und Scham empfunden werden, breitet sich Schweigen in der Familie aus.

Manchmal ist es ein einzelnes Familienmitglied, das ein Geheimnis vor den anderen bewahrt, in anderen Fällen wird von der Familie vor einem bestimmten Mitglied etwas verschwiegen. In jedem Fall wird darauf geachtet, dass die Umwelt nichts davon erfährt.

Im ersten Teil des Buches suche ich das Wesen von Familiengeheimnissen und Tabus näher zu fassen und ich zeige Ihnen anhand einiger Beispiele aus dem Schatz der Märchen, aber auch aus der Bibel, dass es diese schon immer gegeben hat.

Im zweiten, dem Hauptteil des Buches, beschreibe ich ganz konkret die Familiengeheimnisse und Tabus, die es in unserer Zeit am häufigsten gibt.

In einem abschließenden dritten Teil versuche ich ausführlich darzulegen, warum Familiengeheimnisse so belastend auf den Einzelnen wie auf die Familie wirken und erkläre, warum man in bestimmten Fällen trotzdem mit ihnen leben muss. In vielen Fällen ist es aber besser, sich von ihrer Last zu befreien – wann und auf welche Weise, erläutere ich ebenfalls in diesem Teil.

Was sind Familiengeheimnisse und Tabus?

Illusionen, Lebenslügen, Familiengeheimnisse und Tabus

Wir Menschen neigen dazu, uns gelegentlich *Illusionen* über die Umwelt, die Menschen, die Umstände und nicht zuletzt über uns selbst hinzugeben. Schmerzhaft ist es dann, wenn diese Wunschbilder mit der Realität konfrontiert werden. Und aus genau diesem Grund neigen viele Menschen dazu, diese Konfrontation zu vermeiden. Andererseits ist es auf Dauer anstrengend, mit dem Widerspruch von Wahrem und Unwahrem zu leben. Um dieser Spannung auszuweichen oder sie wenigstens zu mindern, gibt es drei, meist kombinierte, Verhaltensmuster:

Vergessen, verschweigen, lügen.

Wenn jemand während eines länger andauernden Lebensabschnittes wissentlich und absichtlich eine Unwahrheit als Wahrheit bezeichnet, obwohl er das Gegenteil kennt oder kennen müsste, sprechen wir von einer *Lebenslüge*.

Lebenslügen dienen dazu, etwas Unangenehmes, Negatives sich oder anderen nicht eingestehen zu müssen oder zu verschleiern. Sie erfüllen eine wichtige Funktion im Leben derer, die sich ihrer bedienen. Deshalb ist es auch konsequent, dass diese an ihnen festhalten. Lebenslügen erzeugen eine Scheinrealität, in der nichts hinterfragt werden darf, weil die Aufdeckung der Wahrheit zu Erschütterungen führen könnte. Lebenslügen werden nach dem Prinzip konstruiert: »Es kann nicht sein, was nicht sein darf.«

Wir wissen es vielleicht sogar aus eigener Erfahrung: Oft macht man sich selbst etwas vor, weil man die Wahrheit nicht ertragen kann und je mehr man sich Dinge schönredet, desto mehr glaubt man an sie. Irgendwann werden Lebenslügen zu einer festen Überzeugung, auf die man womöglich sein gesamtes Leben aufbaut.

Um Lebenslügen auf die Spur zu kommen, müssen wir ergründen, *warum* wir die Wahrheit verbiegen und uns und anderen etwas vorlügen.

Familien sind oft ein idealer Nährboden für Lebenslügen: Ob untergeschobene Kinder, heimliche Affären, psychische Krankheiten oder verdrängte Kriegserlebnisse – oft wissen selbst die engsten Familienangehörigen nichts von den dunklen Geheimnissen der nächsten Verwandten. Lebenslügen werden so zu Bausteinen für *Familiengeheimnisse*.

Familiäre Schatten gibt es wohl in jeder Familie. Oft wird etwas verheimlicht in der Absicht, andere Familienangehörige nicht mit einem Wissen zu belasten, das ihr Leben beeinträchtigen könnte. Aus Sorge vor Abwertung oder Bloßstellung verheimlichen Eltern ihren Kindern beispielsweise den Selbstmord eines nahen Angehörigen, ein uneheliches Geschwister oder ihre wahre Herkunft. Und Kinder versuchen, ihre Eltern zu schonen, indem sie nicht fragen und schweigen.

Aber der Preis, der für die Aufrechterhaltung eines solchen Familiengeheimnisses gezahlt werden muss, ist hoch, denn damit wird meist verhindert, dass junge Menschen zu ihrem eigenen, selbstbestimmten Leben finden. Manch unerklärliche Neigung zu größter Opferbereitschaft, zu Depression oder Gewalt – oder sich für alles Mögliche schuldig zu fühlen – wurzeln nicht selten in einer geahnten, aber nicht bekannten Familiengeschichte.

Familiengeheimnisse können ganz allgemein danach unterschieden werden, vor wem die Wahrheit verborgen gehalten wird:

Innerfamiliäre Geheimnisse sind Fakten, die einem oder mehreren Familienmitgliedern verschwiegen werden, beispielsweise die wahre Herkunft eines Kindes.

Außerfamiliäre Geheimnisse betreffen Umstände, die gegenüber der Umwelt peinlich verborgen werden, beispielsweise Gewaltanwendung gegenüber der Ehefrau oder die plötzlich und unerwartet eingetretene Arbeitslosigkeit des Ehemannes.

Besonders schwerwiegende Umstände wie beispielsweise die Verstrickung der Eltern in das Naziregime suchen manche vor den eigenen Kindern wie auch vor der Umwelt zu verheimlichen. Sie möchten etwas vor der Umwelt geheim halten, was von der Gesellschaft verurteilt wird oder von dem sie glauben, dass es zu gesellschaftlicher Ausgrenzung, zu Ächtung oder/und zum Verlust des Ansehens führen würde.

Wenn ein Familienmitglied gegen feststehende Regeln oder Normen der Gesellschaft verstößt, wird das als Familienschande angesehen. Man schämt sich dafür. (Interessant ist: Das Wort »Schande« hat die gleiche Herkunft wie das Wort »Scham«!)

Die moralischen Maßstäbe einer Gesellschaft ändern sich im Laufe der Zeit und damit auch die Objekte außerfamiliärer Geheimnisse. So war beispielsweise ein uneheliches Kind noch im 19. Jahrhundert ein Grund für den Selbstmord der Mutter, sie ging ins Wasser! Bis in die Siebzigerjahre des 20. Jahrhunderts war die Ehescheidung verpönt. Heutzutage hat man dafür meist nur noch ein Achselzucken übrig. Bis 1994 war Homosexualität ein Straftatbestand (§ 175 StGB). In unseren Tagen stehen Schwule und Lesben zu ihrer Andersartigkeit und werden im Allgemeinen nicht mehr diskriminiert. So bekannte der Oberbürgermeister von Berlin, Klaus Wowereit, öffentlich: »Ich bin schwul und das ist gut so!« Schwule und Lesben dürfen inzwischen sogar ihre Partnerschaft notariell eintragen lassen – Jahrzehnte vorher undenkbar.

Die Anpassung der moralischen Maßstäbe einer Gesellschaft im Laufe der Zeit zeigt sich jedoch nicht nur im Wegfall, sondern auch in der Aufstellung neuer Normen. So ist beispielsweise seit dem Jahr 2000 Eltern körperliche Gewalt in der Kindererziehung, oft »Züchtigung« genannt, die in der ersten Hälfte des 20. Jahrhunderts gang und gäbe war, verboten (§ 1631, Abs. 2, S. 2 BGB)[1] und es besteht darüber auch in der Öffentlichkeit Konsens.

Wenn Schuld und Scham empfunden werden, breitet sich oft das große Schweigen in Familien aus. Das Geheimnis wird tabuisiert, es wird mit einem *Tabu* belegt: Die fragliche Tatsache darf weder benannt, noch darf darüber gesprochen werden. Doch das Verdunkeln und Verschweigen hat Konsequenzen. Geheimnisse können Familien spalten, Nähe und Vertrautheit verhindern und über mehrere Generationen hinweg wirken. Während sich manche Menschen ihr Leben lang nicht aus den Verstrickungen der Familienlügen lösen, können andere irgendwann die Widersprüche nicht mehr ertragen. Sie wehren sich und sprechen Familiengeheimnisse laut aus, oft im Rahmen einer Therapie. Dort erfahren sie die befreiende Kraft der Offenbarung und des Sprechens.

Christiane, 37:
»Ich wuchs als Adoptivkind bei einem Paar auf, dessen Ehe vom Alkoholmissbrauch des Mannes und dem Leiden der Frau an ihrer Kinderlosigkeit überschattet wurde und ständige Spannungen verursachte. Niemals aber wurde offen darüber gesprochen. Nach außen vermittelte meine Familie Normalität. Kein Mensch wäre auf die Idee gekommen, dass bei uns zu Hause das nackte Chaos herrschte.«

Steigt ein Familienmitglied aus und bricht sein Schweigen, bricht in der Familie eine Welt zusammen. Das Benennen und Aufdecken eines Familiengeheimnisses wird als Verrat gegenüber der Familie empfunden. Wer Familiengeheimnisse lüftet, verletzt die Solidarität der Familie und wird als »Nestbeschmutzer« ausgegrenzt.

Um ein Tabu aufrechtzuerhalten, bedarf es repressiver Maßnahmen. So wird beispielsweise gedroht: »Wenn du nicht schweigst, gehörst du nicht mehr zu uns« oder: »Wenn du anderen davon erzählst, verlieren wir unsere Existenz.« Noch schlimmere Drohungen: »Wenn du jemandem von unserem Geheimnis erzählst, bringe ich mich um.«

Johanna, 55:
»Ich hatte in meiner Familie eine Außenseiterstellung inne, fühlte mich nicht wirklich zugehörig. Das hatte natürlich auch Folgen, beispielsweise dass ich bei bestimmten Dingen nicht ›dichthielt‹, die nach außen verdunkelt werden sollten. Ich sah bei bestimmten Dingen die Notwendigkeit, ohne Not zu lügen, überhaupt nicht ein. Ich erinnere mich noch daran, dass ich in meiner naiven Art der Verwandtschaft erzählte, dass meine Schwester sitzengeblieben war. Dass das ein ›Familiengeheimnis‹ sein könnte, kam mir gar nicht in den Sinn. Obwohl das, objektiv betrachtet, eine harmlose Sache war, waren die Folgen entsetzlich. Ich wurde mit Nichtbeachtung gestraft. Niemand sprach mehr mit mir. Das verstärkte in mir das Gefühl, nicht wirklich dazuzugehören.«

Nicht selten wird einem Familienmitglied, das sich nicht an das »Schweigegebot der Familie« hält, die eigene Wahrnehmungs- und Urteilsfähigkeit abgesprochen und es muss mit Bestrafung rechnen.

Die Erfahrung zeigt, welches Klima in einer Gesellschaft wie auch in der einzelnen Familie die Aufstellung von Tabus fördert: *Der Nährboden für Familiengeheimnisse und Tabus sind Into-*

leranz, religiöser und politischer Fanatismus, Unaufgeklärtheit und mangelndes Selbstwertgefühl.

Familiengeheimnisse und Tabus in Märchen und im Alten Testament

Familiengeheimnisse und Tabus in Märchen

Die meisten, die als Kinder Grimm'sche Märchen hörten, erinnern sich sicherlich noch an das Märchen vom »Marienkind«[2].

Ein armer Holzhacker, der seine Tochter nicht ernähren kann, begegnet der Jungfrau Maria, die das Kind mitnimmt und im Himmel gut versorgt. Als das Mädchen 14 Jahre alt ist, macht die Jungfrau Maria eine Reise und übergibt dem Marienkind mit 13 Schlüsseln die Verantwortung für den Himmel. 12 Türen darf das Mädchen öffnen, aber die 13. Tür ist ihm streng verboten, und genau die zu öffnen, kann es nicht widerstehen. Es öffnet die Tür trotz des Verbotes, schaute die Herrlichkeit Gottes und kann es nicht lassen, diesen Glanz zu berühren. Ihr Finger wird golden und lässt sich nicht mehr reinwaschen.

Die Jungfrau Maria bemerkt nach ihrer Rückkehr den Verstoß. Das Mädchen leugnete hartnäckig sein Vergehen, wurde aus seinem himmlischen Paradies vertrieben und musste in die harte Realität des Erdenalltags zurück. Außerdem wird es mit dem Bann der Stummheit belegt, der so lange andauern soll, bis es seine Ungehorsamkeit eingesteht. Es lebt von nun an mitten im Wald unter wilden Tieren. Schließlich wird es von einem Königssohn gefunden, der so entzückt von ihm ist, dass er sich mit dem Mädchen vermählt, obwohl es stumm ist. Die drei Kinder, die sie gebärt, nimmt ihr die Jungfrau Maria wieder weg, weil sie weiterhin hartnäckig ihr Vergehen leugnet. So kommt das

Gerücht auf, dass die Mutter ihre Kinder gefressen habe, und deshalb soll sie auf dem Scheiterhaufen verbrannt werden. Als das Feuer brennt, überkommt die Mutter Reue, und sie gesteht ihr Vergehen, die verbotene 13. Tür geöffnet zu haben. Sie wird gerettet, der Regen löscht die Flammen und als Lohn des Himmels bekommt sie sowohl ihre Sprache wie auch ihre Kinder wieder zurück.

So weit das Märchen. War dieses hartnäckige Leugnen des Marienkindes mit den fürchterlichen Folgen sinnlos gewesen oder beinhaltete der dadurch bedingte Leidensweg eine notwendige Persönlichkeitsentwicklung?

Hätte sich das Marienkind an die Auflage der Jungfrau Maria gehalten, wäre es »gehorsam« gewesen, wäre es ihm zwar weiterhin himmlisch gegangen und es hätte paradiesisch weitergelebt, aber hätte es auch die Chance gehabt, zu einer erwachsenen Frau heranzureifen, die eigene Entscheidungen trifft und auch die Verantwortung für die Konsequenzen übernimmt? Hätte es seine Gefühle kennenlernen können? Vielleicht ist der Tabubruch des Marienkindes ein Bekenntnis zu eigenen Gefühlen, Wünschen und Bedürfnissen und zeigt, dass Menschen in Situationen kommen können, in denen sie Grenzen überwinden müssen, um sich selbst weiterentwickeln zu können. Zu sich selbst stehen zu lernen, heißt nicht immer, gehorsam zu sein, sondern auch das zu tun, was man selbst für richtig hält, und dafür dann auch die Konsequenzen zu tragen.

Das Tabu in Form von verschlossenen Zimmern und Räumen, die unter keinen Umständen geöffnet werden dürfen, kommt in den Märchen auffallend häufig vor. Wer hätte aber gedacht, dass diese Tabus da sind, um gebrochen zu werden? Ingrid Riedel, Psychotherapeutin mit eigener Praxis in Konstanz, Dozentin und Lehranalytikerin an den C. G. Jung-Instituten in Zürich und in Stuttgart, schreibt in ihrem Buch *Tabu im Mär-*

chen. Die Rache der eingesperrten Natur[3], dass der Tabubruch im Märchen unter strengste Strafe gestellt ist. Gleichzeitig sei der Tabubruch nicht nur unabdingbarer Schritt auf dem Weg der Selbstwerdung, sondern er helfe, kollektiv Verdrängtes aus der Versenkung zu befreien und in die Gesellschaft zu reintegrieren.

In vielen Märchen hat ein Mensch einen Schlüssel zum »verbotenen Zimmer«, beispielsweise in »Herzog Blaubarts Burg« oder in »Der Teufel und des Fischers Töchter«. Damit unterliegen die Hauptfiguren der Versuchung, das Verbot zu übertreten.

Das Mädchen im Märchen »Marienkind« soll möglicherweise auf seinem Entwicklungsweg die letzten großen Geheimnisse erfahren, auch wenn es dabei gegen strenge Auflagen verstößt. Es geht um einen entscheidenden Entwicklungsschritt. Dass es den Schlüssel zum verbotenen Zimmer anvertraut bekommt, ist vielleicht nicht primär eine Prüfung, ob es das Verbot befolgen kann, sondern vielleicht eher eine Herausforderung, ob es sich traut, auch die letzte Wahrheit zu erkunden. Typisch ist, dass in Märchen dies meist im Alter von 14 Jahren geschieht und damit in einem Alter, in dem früher die Mädchen nicht nur biologisch, sondern auch gesellschaftlich zur Frau wurden. Es ist die Zeit der Initiation.

Im Märchen »Marienkind« ist der Verweis aus dem Paradies der Beginn einer neuen Lebensphase als junge Frau, deren Entwicklung erst nach dem Bestehen einiger harter Prüfungen abgeschlossen ist.

Märchen zeigen uns, dass Tabus da sind, um gebrochen zu werden. Die unübliche, direkte Erwähnung eines Tabus erzeugt eine wirksame Spannung in der Zuhörerschaft. Mit dem Tabubruch werden auch Ängste durchbrochen, gleichzeitig wird der Tabugegenstand entmystifiziert. Schon Kinder erfahren über Märchen, dass die Heldinnen und Helden, wenn sie Verbote übertreten, zwar lebensgefährlich bedroht sind, aber am Ende siegreich überleben.

In Grimms Märchen »Allerleirauh«[4] wird das Tabuthema Inzest behandelt.

Kurz vor ihrem Tod bittet die Königin ihren Mann darum, nur dann erneut zu heiraten, wenn die Frau so wunderschön sei wie sie selbst und wie sie goldene Haare habe. Der König ist verzweifelt, denn er findet im ganzen Königreich keine Frau, die diese Voraussetzung erfüllt, bis ihm auffällt, dass seine Tochter ihrer verstorbenen Mutter unglaublich ähnlich ist und auch goldene Haare hat. Er beschließt, gegen alle Widerstände des Hofes, seine Tochter zu heiraten. Doch der drohende Tabubruch Inzest erschreckt die Tochter. Sie flieht und lebt in ein Tierfell gehüllt im Wald. Von Jägern wird sie unerkannt aufgegriffen und in die Küche des benachbarten Schlosses verbannt, wo sie die Dienste einer Magd verrichten muss. Auf einem Ball des Königs erkennt der Königssohn des benachbarten Königreiches die wahre Identität des Mädchens und heiratet sie.

Das Märchen zeigt, dass Allerleirauh sich durch das Inzestbegehren ihres Vaters so sehr bedroht sieht, dass ihr zur Vermeidung eines solchen Übergriffs nur die Flucht bleibt. Sie erlebt einen totalen sozialen Abstieg (sie verrichtet Magddienste), ist also ganz unten und taucht dabei vor zu ihren tiefen, unbewussten Schichten. Am Ende aber wird alles gut, der Königssohn entdeckt ihre wahre Identität und beide werden ein glückliches Paar.

Familiengeheimnisse und Tabus im Alten Testament

Auch in der Bibel sind Familiengeheimnisse und Tabus überliefert. Die bekannte Geschichte von Kain und Abel[5] beinhaltet das Tabu des Brudermordes. Sie erzählt vom Geschwisterkonflikt und von der Ungerechtigkeit der Welt, vom Neid der Menschen, die benachteiligt sind oder sich nur benachteiligt fühlen.

Kain und Abel sind zwei Brüder, die in unterschiedlichen wirtschaftlichen Verhältnissen leben: Kain, der angesehene Ackerbauer; Abel, ein umherziehender Hirte. Abel steht im Schatten des großen Bruders.

Beide brachten dem Herrn ein Opfer dar. Doch »... der Herr sah gnädig an Abel und sein Opfer, aber Kain und sein Opfer sah er nicht gnädig an.«

Die Geschichte gibt keine Auskunft darüber, warum Gott die beiden Brüder so ungleich behandelt. Und obwohl Kain, der Erstgeborene, doppelt so viel erben wird wie Abel, schmerzt ihn diese Zurücksetzung durch Gott und er wird neidisch auf seinen Bruder. Er fragt sich: Warum wird das Opfer meines Bruders von Gott gnädig angenommen und meines nicht? Warum schafft er, was ich nicht schaffe? Warum hat er das Glück, das ich nicht habe? Warum ist Gott *ihm* gnädig und *mir nicht*?

Kain fühlt sich zurückgesetzt und reagiert wütend. Er, der Starke, der Erstgeborene, der wirtschaftlich Bevorzugte, ist plötzlich benachteiligt. Der Bevorzugte ist plötzlich schwach und wird zurückgewiesen und wie alle Starken reagiert er besonders empfindlich auf Misserfolge.

Aber wie hätte Kain reagieren sollen? Hätte er alles ertragen und sich bescheiden sollen oder protestieren, sich auflehnen, sich wehren?

Kain wählt den zweiten Weg: Er erschlägt seinen Bruder Abel. Wie es dazu kommt, wird nur mit ganz wenigen Sätzen erzählt. Trotzdem ist das Motiv klar: Eifersucht. Obwohl die Tat zunächst wie eine Handlung im Affekt aussieht, ist sie in Wahrheit ein detailgenau geplantes Verbrechen: Kain lockt Abel gezielt an einen Ort, wo er ihn ohne Zeugen umbringen kann.

Nach dem Verschwinden Abels wird Kain von Gott nach seinem Bruder gefragt. Kain versucht, seine Tat geheim zu halten und antwortet: »Ich weiß nicht, soll ich meines Bruders Hüter sein?« Gott entgegnete ihm: »Was hast du getan? Die Stimme des Blutes deines Bruders schreit zu mir von der Erde.«

Gott sagt Kain seinen begangenen Mord auf den Kopf zu und verflucht ihn: »Verflucht seiest du auf der Erde, die ihr Maul hat aufgetan und deines Bruders Blut von deinen Händen empfangen. Wenn du den Acker bebauen wirst, soll er dir hinfort seinen Ertrag nicht geben.«

Beim Brudermord Kains übernimmt Gott selbst das Richteramt. Als Schöpfer allen Lebens ist er durch den Mord direkt betroffen, denn das Leben, das er Abel geschenkt hatte, wurde durch Kain mutwillig ausgelöscht.

Aber selbst in dem Gottesurteil der Strafe für Kain erweist sich Gott als Anwalt des Lebens – indem er diesem sein Leben lässt und ihn durch ein besonderes Zeichen (Kainsmal) vor der Tötung durch die Gemeinschaft bewahrt.

Aber auch die Josefsgeschichte[6] offenbart dunkle Familiengeheimnisse: Sie ist eine Familiengeschichte voll Neid, Streit, aber auch Versöhnung. Josef, zweitjüngster Sohn Jakobs, erregt wegen der Bevorzugung durch den Vater den Hass seiner Brüder, weil er eine Sonderstellung genießt: Er bekommt von seinem Vater besonders schöne Kleidung, während die anderen auf dem Feld hart arbeiten müssen. Diese Ungleichbehandlung führt dazu, dass die Brüder eifersüchtig auf ihren kleinen Bruder werden und ihn hassen. Das Verhältnis der Geschwister untereinander ist gestört.

Eines Tages verkaufen die Brüder Josef als Sklaven an eine Karawane, um ihn loszuwerden. Dem Vater erzählen die Brüder, Josef sei durch ein wildes Tier umgekommen. Jakob ist untröstlich über den Tod seines Lieblingssohnes. Das gemeinsame

Geheimnis um das Verschwinden Josefs macht die Brüder zu Komplizen.

Diese Familiengeschichte um Eifersucht und Ungerechtigkeit nimmt aber eine positive Wende. Josef, inzwischen ein einflussreicher Mann in Ägypten, offenbart sich seinen Brüdern als ihr verkaufter Bruder! Er, der die Gemeinheit seiner Brüder erleiden musste, macht den ersten Schritt auf seine Brüder zu, vergibt ihnen und versöhnt sich mit ihnen, bevor Vater Jakob stirbt.

Die Josefsgeschichte lehrt uns, dass Konflikte, Streit, Enttäuschungen und auch Familiengeheimnisse in den angesehensten Familien vorkommen. (Zur Erinnerung: Jakob war der Sohn Abrahams!) Die Josefsgeschichte zeigt uns aber darüber hinaus, dass trotz aller Lügen und Ausgrenzung am Ende alles gut werden kann, wenn man es schafft, einander zu vergeben und achtsam miteinander umzugehen.

Familiengeheimnisse und Tabus in unserer Zeit

Sozialer Abstieg

Obwohl *Arbeitslosigkeit* heutzutage jeden treffen kann, auch den hoch qualifizierten Akademiker, also nicht notwendig von der Leistungsbereitschaft und dem Können des Einzelnen abhängt, haftet ihr ein Makel an. Menschen im Ruhestand hören besonders gern von ihren Ex-Kollegen Sätze wie: »Ja, ich wollte auch in den vorzeitigen Ruhestand, aber – welche Ungerechtigkeit – man hat mich nicht gelassen!« (weil ich so wichtig für das Unternehmen bin!)

Gebraucht zu werden, ist ein Gütezeichen. Ein arbeitswilliger und arbeitsfähiger Mann, knapp über 50, empfindet die Tatsache, nicht mehr gebraucht zu werden, als einen sozialen Abstieg. Um diesen aufzufangen, gibt es eine ganze Reihe guter Strategien: Hobbys, Reisen, Ehrenämter, soziales Engagement usw.[7]

Keine gute Strategie ist es, Arbeitslosigkeit und Ruhestand der Umwelt verheimlichen zu wollen. So verheimlichte ein arbeitslos gewordener Familienvater sogar seiner Familie diese Tatsache, indem er morgens wie gewohnt mit seiner Aktentasche aus dem Haus ging und abends zurückkehrte.

Das Ansehen des Einzelnen in unserer Gesellschaft hängt von einer Reihe üblicher Bewertungsmaßstäbe ab. Beispiele dafür sind: der ausgeübte Beruf, herausragende Leistungen z. B im Sport oder in der Forschung, die im Beruf erreichte Hierarchiestufe, das Engagement für das Gemeinwesen. Es gibt ein allgemeines Verständnis darüber, welchen Rang man dem Einzelnen auf der Skala des jeweiligen Bewertungsmaßstabes gibt oder geben würde.

Ein besonders populärer Bewertungsmaßstab ist das Geld, das jemand verdient. Er korreliert auch mit einigen der bereits genannten Gradmesser. So wird jemand, der die Karriereleiter als Angestellter oder Beamter erklimmt, auch mehr Einkommen erzielen, andererseits verdient jemand nicht deshalb mehr, weil er sich sozial oder politisch für die Gemeinschaft einsetzt, als jemand, der das nicht tut. So verdient der Bundespräsident, der bezüglich des Engagements für das Gemeinwesen die höchste Anerkennung genießt, wesentlich weniger als der Vorstandsvorsitzende eines DAX-Unternehmens.

Obwohl also Geld nicht der einzige und manchmal auch der falsche Maßstab für die Positionierung des Einzelnen in der Gesellschaft ist, scheint er dennoch geeignet zu sein, das Phänomen »sozialer Abstieg« zu beschreiben. Von sozialem Abstieg spricht man demnach dann, wenn durch eine Verknappung des verfügbaren realen Einkommens der Lebensstandard deutlich eingeschränkt werden muss.

Hierzu zwei Beispiele:

In einem meiner Seminare begegnete ich einer verwitweten Frau, deren Mann Wirtschaftsprüfer gewesen war und seiner Frau Wohlstand und hohes gesellschaftliches Ansehen geboten hatte. Er hinterließ seiner Witwe die Wirtschaftsprüferpraxis, die sie verkaufte, ein Mehrfamilienhaus, Wertpapiere und eine Lebensversicherung. Leider wollte oder konnte sie nicht erkennen, dass sie, die stets »auf großem Fuß« gelebt hatte, sich nun einschränken musste. So war bereits nach wenigen Jahren das gesamte Barvermögen aufgebraucht und die Frau nicht mehr in der Lage, ihr Haus zu halten. Nach dem Verkauf des Hauses zog sie in eine kleine Mietwohnung. Aufwendige Feste und

Einladungen waren nun nicht mehr möglich. Mit der Zeit änderte sich auch ihr Freundes- und Bekanntenkreis. Da sie nicht mehr Gattin des Wirtschaftsprüfers war, wurde sie bald auch nicht mehr in die entsprechenden gesellschaftlichen Kreise eingeladen.

Ein solcher sozialer Abstieg ist bitter und deshalb wird möglichst lange versucht, ihn vor anderen zu verbergen und zu leugnen. Vor ihrer Familie rechtfertigte die Witwe den Umzug in eine kleine Mietwohnung damit, die Arbeit mit dem großen Haus sei ihr auf Dauer zu viel geworden.

Dieses Beispiel zeigt, dass die Witwe für ihren sozialen Abstieg zumindest mitverantwortlich war, was für den folgenden Fall nicht zutrifft:

Eine Dame klagte mir ihr Leid, das sie ansonsten streng unter Verschluss hielt:

Ihr Mann war jahrzehntelang als Fliesenleger in einem mittelständischen Familienunternehmen beschäftigt gewesen. In dieser Ehe galt die früher übliche Rollenverteilung: Der Mann verdiente das Geld für die Familie, die Frau führte den Haushalt und erzog die Kinder. Als ihr Mann in den Ruhestand trat, ging es dem Paar auch noch recht gut, weil er immer sehr gut verdient hatte. Dann starb der Mann und die Frau musste mit 60 Prozent der Rente ihres Mannes auskommen, das waren ca. 720 Euro. Das führte dazu, dass sie ihr Häuschen nicht mehr halten konnte und in eine kleine Mietwohnung umziehen musste. Sie litt unter dem sozialen Abstieg, denn das Häuschen war ihr ganzer Stolz gewesen. Aber sie verlor auch ihre Nachbarschaft und ihre Freunde, denn sie konnte nicht mehr »mithalten«. Alle Aktivitäten, die sie früher gemeinsam mit Freunden unternommen hatte, wie Kegeln oder Essen gehen, fielen nun aus. Weil ihr vorheriges Umfeld nichts von ihrem sozialen Abstieg mitbekommen sollte, zog sie sich wegen angeblich gesundheitlicher Probleme immer mehr zurück und landete schließlich in Einsamkeit und Depression.

Ein besonders deutlicher sozialer Abstieg liegt vor, wenn das monatliche Einkommen über einen längeren Zeitraum, trotz Reduzierung des Lebensstandards, nicht ausreicht, die Lebenshaltungskosten einschließlich fälliger Raten und Rechnungen zu bezahlen. Dann spricht man von (privater) *Überschuldung*. Dafür, dass manche Menschen in Überschuldung geraten, gibt es eine <u>Reihe von Gründen</u>:

Die Möglichkeit, *auf Kredit zu kaufen*, ist für viele Menschen ein verlockendes Angebot. Dinge zu kaufen und sie erst später zu bezahlen, verführt Menschen dazu, einen Lebensstil zu führen, den sie sich eigentlich gar nicht leisten können. Eines Tages verlieren sie den Überblick über ihre Zahlungsverpflichtungen: Mahnungen häufen sich. Die Hausbank kündigt den Dispokredit und zieht die Kreditkarte ein. Die Kündigung der Wohnung droht. Der Gerichtsvollzieher steht vor der Tür.

Darüber hinaus können *kritische Lebensereignisse oder Schicksalsschläge* dazu führen, dass die monatlichen Einnahmen die monatlichen Ausgaben nicht mehr ausgleichen. Typisch für kritische Lebensereignisse ist, dass sie ungewollt, ungeplant und unerwartet eintreten wie beispielsweise der Verlust des Arbeitsplatzes, Trennung und Scheidung, eigene Krankheit oder Tod des Familienernährers. Diese Ereignisse gehen vielfach einher mit Depressionen, Antriebsverlust, Orientierungslosigkeit und Verlust der Lebensperspektive. Zumeist ist es eine Verstrickung von mehreren Faktoren und individuellen Problemen, die schließlich in die Überschuldung führen können.

Unsere Erfahrungen im Elternhaus prägen uns oft ein Leben lang[8], und die meisten dieser Prägungen sind uns wahrscheinlich nicht bewusst. So kann es sein, dass wir beispielsweise beim Umgang mit Geld und Zahlungsverpflichtungen so handeln, wie wir es gelernt beziehungsweise von klein auf erfahren haben. Wer negative Erfahrungen im Umgang mit Geld im Elternhaus gemacht hat – beispielsweise wenn die Eltern oft verschuldet waren – und nicht die Möglichkeiten hatte, schon als Kind den Umgang mit Geld zu erlernen und zu üben, läuft Gefahr, später selbst Schulden zu machen.

Ein weiterer Grund für Überschuldung liegt in der *mangelnden Disziplin* mancher Menschen. Sie können nicht abwarten und halten es nicht durch, Geld anzusparen, bevor sie sich einen Konsumwunsch erfüllen.

Überschuldung löst Existenzängste aus – Angst vor Gläubigern, Angst vor dem Verlust der Wohnung, Angst vor Stigmatisierung als Versager. Angst macht viele Menschen handlungsunfähig und einige sogar krank.

Finanziell am Ende zu sein und sich das einzugestehen, gleicht einer Kapitulation, die die Persönlichkeit eines Betroffenen und sein Familienleben erheblich erschüttert. Der Schaden geht weit über die Finanzen hinaus. Und weil das als Niederlage und Desaster erlebt wird, versucht man, die Situation möglichst lange geheim zu halten.

In den meisten Fällen der Zahlungsunfähigkeit führt erst starker Leidensdruck dazu, die eigene Schamschwelle zu überwinden, sich zu offenbaren und sich kompetenten Rat zu holen. Bis dahin versuchen die meisten Betroffenen, sich ihre Situation, die ja immer auch Ausdruck persönlichen Versagens ist, schönzureden und vor anderen zu verbergen. Die meisten ziehen sich von anderen Menschen zurück (oft auch von der Familie), weil ja niemand etwas davon merken soll, dass einem das Wasser bis zum Hals steht. Es ist die Angst, der Umwelt den sozialen Abstieg einzugestehen.

Auf Dauer gibt es nur einen wirksamen Weg aus der Finanzsackgasse heraus: sich wie ein Unternehmen offiziell für zahlungsunfähig zu erklären und den steinigen Weg der sogenannten *Privatinsolvenz* zu gehen. Wer das tut, hat eine echte Chance, unter Beachtung bestimmter Voraussetzungen nach sechs Jahren – der sogenannten Wohlverhaltensperiode – schuldenfrei zu sein.[9]

Voraussetzung dafür sind eiserne Disziplin, Durchhaltewillen und die richtigen Berater. Allerdings gibt es auch eine psychologische Hemmschwelle: Die Möglichkeit, bereits bei drohender Zahlungsunfähigkeit einen Insolvenzantrag zu stellen, wird bisher kaum genutzt. Offenbar wollen die Schuldner häufig die Krise nicht anerkennen und hoffen, unter Verkennung der Realitäten, aus eigener Kraft einen Ausweg zu finden. Ich vermute, hier spielt der Makel des Scheiterns eine große Rolle, denn wem Misserfolg anhaftet, der wird gemieden, als habe er eine ansteckende Krankheit. Aus Angst, als Versager dazustehen, werden Fehler daher verschwiegen oder vertuscht. Dieses Stigma des Insolvenzverfahrens ist ein Problem, und um das zu überwinden, brauchen wir eine »neue Kultur der zweiten Chance«.

Gerade in Zeiten tief greifender Veränderungen ist es wichtiger denn je, Scheitern als Chance anzusehen und ein wirtschaftliches Scheitern nicht als »bürgerlichen Tod« zu begreifen, sondern als eine Chance für einen wirtschaftlichen Neubeginn. Voraussetzung dafür ist, dass der Gescheiterte nicht mehr den Stempel des Versagers aufgedrückt bekommt.

In der Fernsehsendung des WDR *Der große Finanzcheck* werden Menschen in Deutschland besucht, die in eine Schuldenfalle getappt sind. Durch Missmanagement, Angst und falsche Vorgehensweise vergrößern sich die Schulden dabei immer mehr. Die Sendung zeigt, wie man durch kompetente Beratung auch verfahrene finanzielle Situationen wieder in den Griff bekommen kann. Ein Finanzcoach besucht Betroffene und hilft ihnen dabei, »Kassensturz« zu machen, um auszuloten, welche

Möglichkeiten es aus der Krise heraus gibt. Mit spitzem Stift werden die tatsächlichen Schulden inklusive der Zinsen errechnet, vor denen die Schuldner oft ihre Augen verschließen. Viele Betroffene ignorieren Rechnungen, amtliche Verwarnungen oder andere Zahlungsaufforderungen (Ratenzahlungen). Das aber ist keine Lösung, sondern allenfalls nur eine augenblickliche Beruhigung nach dem Motto: »Aus den Augen, aus dem Sinn.« Wer den Mut hat, sich seinen Problemen zu stellen, und früh eine Beratung in Anspruch nimmt, kann Pfändungen und Schlimmeres verhindern. Aber die Scham, seine Finanzen allein nicht in den Griff zu bekommen, verhindert dies oft.

Wer rechtzeitig erkennt, dass er die finanziellen Probleme allein nicht mehr bewältigen kann, der kann auch vor Eröffnung eines Insolvenzantrages von einem unabhängigen Finanzexperten seine Unterlagen prüfen und sich einen Krisenplan entwerfen lassen, um einen Weg aus der Lethargie zu finden und Chancen zur Reduzierung des Schuldenberges zu erkennen.

Wer sich in privater Überschuldung befindet, kann sich auch Anregungen aus dem Bereich betrieblicher Insolvenzbewältigung holen.

Ein Beispiel:

In dem Buch *Insolvent und trotzdem erfolgreich*[10] schildert Anne Koark das Scheitern ihres Unternehmens und macht deutlich, dass auch in der Insolvenz Menschlichkeit und Fairness ihren Platz haben können. Trotz aller Widrigkeiten hat Anne Koark sich niemals entmutigen lassen. Mit ihrem Buch streitet sie dafür, Insolvenz vom Stigma des Scheiterns zu befreien und den Menschen eine Chance zu geben, um zu beweisen, dass sie aus eigenen Fehlern gelernt haben. Unser Land braucht Menschen mit Ideen, mit Energie und mit der Bereitschaft zum Risiko. Eine Erfolgsgarantie gibt es nirgendwo, und deshalb ist auch eine Insolvenz keine persönliche Schande. So schreibt Anne Koark:

»Nicht das Straucheln ist entscheidend, sondern das Wiederaufrichten.«

Anne Koark hat den Verein »Bleib im Geschäft« (B.I.G.) gegründet. Sie möchte mit dem Verein Menschen erreichen, die von Insolvenz betroffen sind und ihnen helfen, wieder auf die Beine zu kommen. Ihr Leitspruch: »Es geht immer weiter!«

Gefühlsmissbrauch

Wenn Männer ihre Frauen betrügen, begehen sie ihnen gegenüber einen Gefühlsmissbrauch. Da die Männer genau wissen, dass das nicht in Ordnung ist, versuchen sie, ihr Verhalten zu verheimlichen.

Seitensprung und außereheliche Beziehung

Die außerehelichen Kontakte sind wahrscheinlich die häufigsten Familiengeheimnisse überhaupt – und sie sind die Art von Geheimnissen, die die größte Wahrscheinlichkeit haben, aufgedeckt zu werden.

Früher war es ein Privileg der Männer, sexuelle Abenteuer zu suchen und fremdzugehen. In Zeiten der Gleichberechtigung tun es heutzutage auch die Frauen. Die strikte Geheimhaltung eines Seitensprungs ist oberstes Gebot, um die Ehe nicht zu gefährden. Andererseits haben offensichtlich Frauen ein großes Bedürfnis, sich mitzuteilen und sich mit anderen über ihre Erfahrungen auszutauschen. Hierzu dienen ihnen Foren von Internetportalen wie zum Beispiel www.diegeliebte.de. Hier ist Anonymität garantiert.

Daniela, 43:
»Ich wurde zur Meisterin in Sachen Geheimhaltung. Bastian war mein Kollege, als unsere Affäre begann. Nach einem Geschäftsessen gestand er mir, dass er in mich verliebt sei. Wir waren beide verheiratet. Mein Mann gab mir Geborgenheit, aber nicht das Gefühl, begehrenswert zu sein. So wurde Bastian mein Liebhaber – und wir beide entwickelten uns zu Meistern in Sachen Geheimhaltung. Wir trafen uns im Kino, legten Kundentermine so, dass wir eine Woche lang in der Schweiz sein konnten. Dann entdeckte Bastians Frau unser Geheimnis und brach darüber völlig zusammen. Sie drohte, sich umzubringen, und rang Bastian das Versprechen ab, mich niemals wiederzusehen. Meine Schuldgefühle waren gewaltig, dennoch merkte ich, dass ich nicht auf ihn verzichten konnte – und er nicht auf mich. Die Affäre wurde schwieriger. Bastian fälschte Faxe, auf denen Geschäftsessen mit Kunden bestätigt wurden. Aber meine Schuldgefühle gewannen die Oberhand. Nach zwei Jahren beendete ich die Affäre, wechselte den Job. Ich bereue nichts von dem, was geschehen ist.«

Die Sozialwissenschaftlerin *Ingrid Weichelt* von der Universität Tübingen hat zum Thema Fremdgehen 600 Interviews geführt. In WOMAN erklärt sie, wie Frauen es schaffen, oft jahrelange Affären zu haben, ohne dass diese auffliegen. Ingrid Weichelt: »Frauen sind ganz einfach die besseren Manager. Sie bekommen schon Arbeit, Ehe, Kinder unter einen Hut. Der Liebhaber ist da nur eine weitere Organisationsaufgabe.«

Ingrid Weichelt erklärt in WOMAN, welche Folgen ein Seitensprung hat: »Wird die Affäre entdeckt, bedeutet das für jede zweite Beziehung das Aus. 12 Prozent der Frauen probieren dann, mit ihrem Geliebten eine neue dauerhafte Partnerschaft einzugehen. Aber das klappt nur in den wenigsten Fällen. Bei ganzen 4 Prozent funktioniert der Wandel vom Liebhaber zum Lebenspartner.«[11]

In Sachen Seitensprung stehen Frauen heutzutage den Männern in nichts nach, es gibt nur einen gravierenden Unterschied: Frauen stellen es intelligenter an. Sie verfügen über »Multitasking«, können besser organisieren und überzeugender schauspielern. Deshalb fliegen sie auch viel seltener auf als Männer.

Zu den Voraussetzungen der Geheimhaltung gehört es, sich einen Partner oder eine Partnerin auszusuchen, die selbst gebunden ist und selbst ein großes Interesse an der Geheimhaltung der Affäre hat. Zwei Probleme sind im Sinne einer sicheren Geheimhaltung zu bewältigen: die Zeit- und die Ortsfrage.

Die Zeitfrage: Da die Ehefrau (umgekehrt gilt das auch für den Ehemann) im Allgemeinen den Umfang und die Struktur der Freizeit des Ehemannes kennt, muss dieser für seine Geliebte Freizeit unter einem Vorwand reservieren.

Klassisch sind die abendlichen Anrufe aus dem Büro: »Liebling, tut mir leid, es wird heute etwas später, wir haben noch eine Sitzung, ich muss noch einen Bericht fertigstellen …« Oder: »Ich habe leider den Flieger nicht mehr bekommen, also dann bis morgen …«

Die Ortsfrage: Der Ort für das Treffen muss so gewählt werden, dass man weder von dem eigenen Ehepartner überrascht werden kann, noch dass man zufällig irgendwelchen Nachbarn oder Bekannten in die Arme läuft. (Achtung: Restaurants!)

Seitensprünge sollen möglichst nicht auffallen. Doch manche Unachtsamkeit führte schon dazu, sich selbst zu überführen. Die ehemalige ZDF-Nachrichtensprecherin Heike Maurer wurde von ihrem Ehemann betrogen. Das außereheliche Verhältnis ihres Mannes flog durch ein simples Telefonat auf, das ihr Leben grundlegend veränderte und ihr Weltbild ins Wanken brachte. Als ihr Ehemann per Kurzwahl seine Geliebte anrufen wollte, landete er aus Versehen bei seiner Frau. Er hatte die Wahlwiederholungstaste auf seinem Handy gedrückt. Kurz zuvor noch hatte er seiner Frau gesagt, er sei müde und werde zeitig zu Bett gehen. Heike Maurer aber musste ihn hellwach säuseln hören: »Ich bin gleich da, Liebling, bestell schon mal eine Pizza!«

Heike Maurer verarbeitete ihre Erfahrungen in dem Buch *Wenn Männer lügen*[12].

Wie schon bemerkt, haben Seitensprünge und außereheliche Affären die höchste Aufklärungsquote. Männer sind in der Regel nicht clever genug, um Spuren sorgfältig zu verwischen. Da gibt es den Lippenstift am Kragenrand, das berühmte lange blonde Haar auf dem dunklen Jackett, die Hotel- oder Restaurantrechnung in der Jackentasche oder den Geruch einer fremden Frau an seiner Kleidung oder sogar an ihm selbst. Hat eine Ehefrau dann erst einmal Verdacht geschöpft, ist es nur noch eine Frage der Zeit, um den Übeltäter zu überführen. Die Anspannung, die außereheliche Beziehung geheim zu halten, führt bei manchen aber auch zu dem Bedürfnis, das Geheimnis zu beichten.

Der Seitensprung wird häufig als ein »süßes Geheimnis« gehandelt und manchen gelingt es sogar, ihn ohne Schuldgefühle vor den Augen des Partners zu verbergen. Andere dagegen werden nachhaltig von schlechtem Gewissen geplagt. Da die meisten Menschen vom eigenen Partner Treue und uneingeschränkte Ehrlichkeit erwarten, werden Seitensprünge oft gebeichtet. Bei den Betrogenen rufen solche Geständnisse oft tiefe seelische Verletzungen hervor. Sie können ein Paar in die Krise stürzen und enden nicht selten in einer Trennung. Viele Betroffene fragen sich später, ob die Wahrheit das wert war.

Was geschieht eigentlich, wenn jemand die Idee hat, seinem Partner sein Fremdgehen zu beichten? Dann bürdet jemand die

Last des eigenen schlechten Gewissens dem anderen, den er verletzt hat, auf. Und er meint, weil er so ehrlich zu ihm war, auch noch die Lossprechung von seiner Schuld erwarten zu dürfen. Was aber soll der Betrogene mit dieser Last anfangen?

Nach meiner Beobachtung wirken außereheliche »Fehltritte«, selbst wenn sie Jahre zurückliegen, wie ein schleichendes Gift. Deshalb ist es oft besser, die Verantwortung für sein Tun selbst zu übernehmen. Wer sich schuldig fühlt, könnte zum Beispiel einen Therapeuten oder einen guten Freund aufsuchen, dem er sich anvertraut. Dieser Mensch muss allerdings in der Lage sein, das »Beichtgeheimnis« zu hüten. In einem solchen Gespräch wird vielleicht auch geklärt, warum der Fehltritt passierte und ob man möglicherweise im Grunde einen neuen Partner sucht.

Wer »beichtet«, muss sich zunächst auf noch mehr Schwierigkeiten gefasst machen, denn was den einen erleichtert, kann den anderen tief verletzen. Manchen hilft dann nur noch der Gang zur Paartherapie. Mehr als ein schlichtes Geständnis bringt meist ein offenes Gespräch darüber, was in der Beziehung schiefläuft. Denn viele suchen bei dem neuen Mann genau das, was in der alten Liebe über die Jahre verloren gegangen ist. Wer seine Beziehung retten will, sollte versuchen, das Verlorene gemeinsam mit dem alten Partner wieder zu finden, anstatt es bei anderen zu suchen.

Wenn Frauen Männern ihre außereheliche Beziehung gestehen, führt das bei diesen zu einer tiefen Verunsicherung und Kränkung. Sie fühlen sich in ihrem Stolz verletzt und bekommen starke Minderwertigkeitsgefühle oder werden aggressiv. Die Beichte macht dann mehr kaputt, als sie hilft. Es gibt endlose Diskussionen, das Vertrauen ist zerstört. Die Beichte eines Ehebruchs ist nur dann sinnvoll und notwendig, wenn die Partnerschaft durch ihn ernsthaft bedroht ist, das heißt, wenn sich eine länger andauernde außereheliche Beziehung ergeben und man sich immer weiter vom Partner entfernt hat. Dann muss der Partner die Chance haben, für die Beziehung zu kämpfen, und muss wissen, was dem Fremdgehenden in der Partnerschaft fehlt. Wenn es sich dagegen nur um eine unbedeutende, kurze Affäre handelte, die die Ehe nicht schädigt, dann sollte von unkalkulierbaren Offenbarungen abgesehen werden.

Heiratsschwindelei

Ein bewusst kalkulierter Gefühlsmissbrauch gegenüber Frauen ist die Heiratsschwindelei, die man auch romantischen Betrug nennt. Von dem Heiratsschwindler werden Gefühle vorgetäuscht, es wird alles Mögliche versprochen und nie gehalten, selbst eine Heirat, allein aus dem Grund, an materielle Werte der Frau zu kommen.

Es gibt Millionen Singles in Deutschland und nur die wenigsten davon wollen freiwillig allein leben.[13] Vieles haben sie schon unternommen auf der Suche nach einem Partner: Vom Ball der einsamen Herzen bis hin zu Heiratsannoncen in der Zeitung oder im Internet. Manch einer hat auf diese Art und Weise schon das Glück getroffen, aber leider fallen vor allem einsame Frauen auch häufig auf Betrüger herein. Was sie veranlasst, ihr Geld fast fremden Menschen, gemeint sind hier Heiratsschwindler, zu übergeben, ist manchmal ein Rätsel. Kann man es mit der einfachen Antwort: »Liebe macht blind« beantworten? Was macht diese Heiratsschwindler so anziehend und sexy?

Heiratsschwindler bieten das, wonach sich der einsame Mensch sehnt. Sie erkennen die Defizite einsamer Frauen und geben ihnen über verbale Streicheleinheiten genau das, was diese Frauen am dringendsten brauchen. Sie erobern ihre Opfer mit guten Manieren und erstaunlichem Einfühlungsvermögen. Sie stillen verborgene Sehnsüchte und ihre Opfer lassen sich von ihnen so beeindrucken, dass sie Warnsignale übersehen oder sie ignorieren, obwohl sie sie durchaus wahrnehmen.

Heiratsschwindler sind häufig sehr intelligente Menschen. Sie recherchieren, suchen ihre Opfer gezielt aus und entwickeln für jedes Opfer spezielle Strategien. Mal wecken sie mütterliche Instinkte, mal übernehmen sie die Beschützerrolle. Oftmals täuschen sie Reichtum vor. Und plötzlich brauchen sie Geld für ein lukratives Geschäft oder wegen eines unerwarteten tragischen Falles in der Familie! Natürlich ist es nicht einfach, immer misstrauisch zu sein, aber Vorsicht ist immer angebracht.

Sabine, 46, eine erfolgreiche Geschäftsfrau:
»Über eine Kontaktanzeige in einer renommierten Zeitung lernte ich Jan, 52, kennen. Er umgarnte mich mit elegantem Ambiente, beeindruckte mich mit Titel und Visitenkarte. Dass er verheiratet war und vier Kinder hatte, verschwieg er. Er sagte, er sei geschieden. Seine Aufmerksamkeiten und Liebesschwüre, ich sei die Frau seines Lebens, machten mich nach langen Jahren des Alleinlebens anfällig, schwach und unvorsichtig.
Im Nachhinein kann ich nur sagen: ›Wo die Liebe hinfällt, setzt der Verstand aus.‹ Immerzu war von Heirat die Rede. Als Investition in eine gemeinsame Zukunft gab ich Jan, dem ich voll vertraute und der angeblich eine Yacht, Pferde, einen Jet und eine Villa im Ausland besaß, bereits nach wenigen Wochen 150 000,- Euro. Wenige Wochen nach der Geldübergabe war die Beziehung zu Ende und Jan auf Nimmerwiedersehen verschwunden.
Ich bin kuriert und sehr verletzt. Ich hatte ihn geliebt und ihm vertraut. Im Gegenzug hat er mich eiskalt belogen und betrogen und mich um sehr viel Geld erleichtert.

Was mich am meisten schmerzt: Ich kann meinen Schmerz über den Reinfall niemandem erzählen, weil keiner mich verstehen und mich als ›dumme Kuh‹ abstempeln würde. Überall gelte ich als patente, kritische Frau, die mitten im Leben steht. Aus Scham über mich selbst habe ich nicht einmal meiner Schwester, mit der ich sonst alles bespreche, von meinem Reinfall erzählt, weil ich weiß, wie sie und die übrige Familie reagiert hätte.
In meiner Situation hätte ich Menschen gebraucht, die mich verstehen und mich nicht verurteilen. Es war schon schwer genug für mich, mir selbst einzugestehen, dass ich einem Betrüger auf den Leim gegangen bin.«

Es handelt sich hier um ein besonderes Geheimnis. Sabine hat gegen keine Norm der Umwelt oder der Familie verstoßen, aber sie schämt sich für ihre vermeintliche »Dummheit« und glaubt, dass ihr Ansehen beträchtlich leiden würde, wenn sie ihr Geheimnis preisgeben würde. Bevor sie nicht das Selbstbewusstsein wiederfindet, zu ihrem Fehler zu stehen, wird sie unter der Last des Geheimnisses leiden müssen.

Agnes, 52:
»Ich hatte eine Kontaktanzeige aufgegeben und bekam unheimlich viele Zuschriften, die auf mich einen guten Eindruck machten. Besonders gefiel mir aber die Zuschrift eines gewissen Gerd. Sehr schnell hatte ich allen anderen Männern abgesagt und ließ mich auf ein Treffen mit Gerd ein. Zwischen uns hat es auf Anhieb gefunkt. Zumindest dachte ich, es hätte bei uns beiden gefunkt. In Wirklichkeit sprangen die Funken wohl nur bei mir allein über. Gerd sah sehr gut aus, wirkte elegant und seriös, und er besaß gleichzeitig viel Charme und eine tolle Ausstrahlung.

Obwohl ich sonst ein sehr vorsichtiger Mensch bin, hatte ich Gerd gegenüber sehr schnell angedeutet, dass ich nicht gerade arm bin, etwas, was ich heute überhaupt nicht mehr verstehe. Wie hat Gerd das bloß geschafft, das so früh aus mir herauszulocken? Es ist mir ein Rätsel. Ebenso wie es mir ein Rätsel ist, wie ich so dumm sein konnte, dieses Geheimnis preiszugeben.

Ich war auf Anhieb so verliebt in Gerd, dass sich sehr schnell eine sehr enge Beziehung entwickelte. Es lief alles gut, und ich war sehr glücklich, bis Gerd nach anderthalb Monaten ganz plötzlich, von einem Tag auf den anderen, launisch wurde und sehr bedrückt und sorgenvoll wirkte. Ich erkannte ihn kaum wieder und war völlig erschrocken über die Veränderung. Mit viel Mühe und nach langem Drängen bekam ich die Ursache seiner schlechten Stimmung aus ihm heraus. Er hatte Geldsorgen, was er mir beschämt ›beichtete‹. Seine kleine Firma, mit der er sich vor einem halben Jahr selbstständig gemacht hatte, lief nicht so gut, wie er das erwartet hatte, und stand in der Gefahr, insolvent zu gehen. So erzählte er mir wenigstens. Das würde bedeuten, dass seine drei Angestellten ebenso wie er selbst auf der Straße stünden.

Ich tat natürlich genau das, was man niemals tun soll – ich vertraute ihm vollständig, obwohl wir uns erst so kurz kannten, und überprüfte seine Angaben nicht. Über sich selbst hatte Gerd bisher nie viel erzählt. Eine Zurückhaltung, die ich als höchst angenehm, entgegenkommend, fürsorglich und unaufdringlich empfand.

Was er nun berichtete, glaubte ich ihm also aufs Wort. Im Hinblick auf eine gemeinsame Zukunft mit diesem Traummann überwies ich ihm bereits am nächsten Tag die 40 000 Euro auf sein Konto, die nach seinen Angaben seine Firma retten konnten. Und dabei machte ich den nächsten Fehler:

Entgegen der dringenden Warnungen meines Steuerberaters kennzeichnete ich die Zahlung auch noch ausdrücklich als Geschenk statt als Darlehen. Gerd sollte sich bei mir nicht in der Schuld sehen. Ich hatte ja nun weiß Gott genug Geld, und ich war mir sicher, auf die eine oder andere Art würde er sich für dieses Geschenk bei mir revanchieren und mir alles zurückzahlen, wenn auch vielleicht nicht in derselben Währung, in Geld. Außerdem gehörten wir doch jetzt zusammen, und wenn man zusammen ist, teilt man nach meiner Ansicht alles miteinander, auch das Geld.
Danach habe ich Gerd nur noch einmal gesehen. Er tauchte mit einem Blumenstrauß bei mir auf und teilte mir ganz direkt und ohne jedes Mitgefühl mit, er hätte sich in eine andere Frau verliebt und müsse sich von mir trennen. Für meine Verzweiflung und meinen Schmerz hatte er kein Gefühl. Nach dieser kurzen Erklärung verschwand er aus meinem Leben. Weder per Telefon noch per Mail war er für mich erreichbar. Er blockte alles ab.
Den Verlust des Geldes kann ich verschmerzen. Das Bewusstsein, wie sehr Gerd mein Vertrauen missbraucht und mich benutzt hat, nicht. Ich schäme mich, dass dieser Mann es geschafft hat, mich vorsätzlich zu entwürdigen. Mein Selbstbewusstsein hat einen solchen Einbruch erlebt, dass ich mit niemandem über das Geschehene sprechen kann, obwohl ich weiß, dass es mir guttun würde, mich mitzuteilen und zu entlasten.«

Über Heiratsschwindel wird in den Medien selten berichtet, obwohl dies ein großes Thema ist. Die Dunkelziffer dieser Form der Kriminalität ist hoch, da wegen der Schamschwelle betroffener Frauen nur wenige Fälle angezeigt und vor Gericht verhandelt werden.

Heiratsschwindel ist kein Kavaliersdelikt. Die betroffenen Frauen werden nicht nur um sehr viel Geld betrogen, sondern sie geraten durch den Verlust ihrer angeblichen Liebesbeziehung auch in tiefe seelische Konflikte.

Wenn man von solchen Betrugsgeschichten hört, denkt man leicht, dass so etwas nur dummen, unselbstständigen Frauen passieren könne. In der ZDF-Dokumentation *Mein Schatz, der Heiratsschwindler*[14] ging es um Betrogene und Betrüger und darum, dass selbst starke, attraktive Frauen, die im Berufsleben erfolgreich sind, auf einen Betrüger hereinfallen können, denn Heiratsschwindler sind unglaublich gerissen und kennen alle Methoden emotionaler Erpressung. Ihre Masche ist deshalb so erfolgreich, weil »vereinsamte Herzen« auf die Suche nach einem neuen Partner besonders anfällig sind für charmante Schwindler.

Die Tricks sind immer die gleichen: Seriöser Herr, gut situiert, spendabel und charmant sucht feste Beziehung fürs Leben, heißt es in den Anzeigen. Wenn der Heiratsschwindler dann ein Opfer gefunden hat, geht es nur noch ums Geld.

»Die Anzeige hörte sich seriös an. Er brachte Blumen mit und wusste, was sich gehörte«, berichtet Maria, »das fand ich schon mal ganz toll. Er wusste, was sich gehört.« Maria ist eine ausgesprochen attraktive, selbstbewusste und energische Unternehmerin und entspricht in keiner Weise dem klassischen Opfertyp.

Maria fiel einem Betrüger zum Opfer, als sie auf eine Partnerschaftsanzeige in der *FAZ* (Frankfurter Allgemeine Zeitung) antwortete. Der charmante Mann mit den guten Manieren führte sie in die besten Restaurants, erzählte von seinen beruflichen Erfolgen und seinem einsamen Leben im Ruhestand. Was sie nicht erfuhr: Der Mann hatte bereits wegen Untreue in elf Fällen im Gefängnis gesessen.

Bis heute trauert Maria der Beziehung nach: »Er war ein so toller Liebhaber, ein so einfühlsamer Mann. Ich habe oft zu ihm gesagt, wir können Gott danken, dass wir uns gefunden haben, das ist ein Geschenk.« Doch nur ein Jahr hielt die Partnerschaft, dann stellte Maria fest, dass ihr Freund sie regelmäßig bestahl. Sie musste handeln – und zeigte ihn an.

Maria: »Ich bin mit der Geschichte immer noch nicht fertig, sie beschäftigt mich immer noch. Auch wenn wir nur ein Jahr zusammen waren – ich habe diesen Mann geliebt.«

In der Liebe verraten zu werden, erschüttert wohl jeden zutiefst. Es ist unendlich enttäuschend, von dem Menschen verraten zu werden, den wir lieben, eine solche Erfahrung erschüttert unser Urvertrauen. Schlimm ist es, wenn sich herausstellt, dass die Gefühle und Liebesschwüre eines Menschen nur vorgegaukelt waren, wenn man befürchten muss, dass der Betrüger hinterhältig gehandelt und einen möglicherweise innerlich belächelt und bemitleidet hat, in Momenten, in denen man ihn mit aller Offenheit geliebt hat. Das tut weh. Betrogene tragen Langzeitschäden davon, weil sie niemandem mehr vertrauen können, nicht einmal mehr sich selbst. Und dann kommt zum Liebesverrat auch noch die materielle Ausbeutung. Da ist nicht nur jemand, der Liebe gespielt hat, sondern sich damit auch noch bereichert hat.

Was die Vorsicht bei Kontaktanzeigen in Zeitungen betrifft, das gilt auch für die zahlreichen Internetportale, die es sich zur Aufgabe gestellt haben, Menschen zusammenzubringen. Mit betrügerischen Kontaktanzeigen im Internet erschließen sich Straftäter ständig neue Möglichkeiten. Sogar einen speziellen Ausdruck gibt es dafür: Als »Russian Bride Scam« (russische Brautmasche) bezeichnet man die Abzocke von Kontaktsuchenden.

Die Kriminellen schalten entweder selbst Kontaktanzeigen oder antworten auf entsprechende Annoncen. In intensivem Mail-Austausch werden den »Opfern« – sowohl Frauen wie auch Männern – Liebesgefühle vorgegaukelt. Oft heißt es dann, es gäbe da aber nur ein kleines Problem: Da der potenzielle Partner im Ausland wohne, fielen vor einem Treffen zunächst Reisekosten an, wofür jedoch kein Geld verfügbar sei. Geschickt werden die Partnersuchenden davon überzeugt, doch bitte Geld zur Deckung der Reisekosten zu verschicken, dann würde einer gemeinsamen Zukunft nichts mehr im Wege stehen. Was nach Überweisung des Geldes passiert, ist klar, weder vom Geld noch von dem neuen Partner wird das Opfer je wieder etwas hören.

In einer anderen Variante wird das Opfer, nachdem eine scheinbare Liebesbeziehung über E-Mail und Telefon aufgebaut worden ist, gebeten, einen Geldbetrag, der bald auf seinem Konto eingehen werde, nach Osteuropa zu überweisen. Schon mancher Romeo ist so unwissentlich zum Finanzagenten und damit zum Geldwäscher geworden, denn die überwiesenen Beträge waren vorher vom Konto eines anderen Opfers »abgephisht« worden.

Auch die Medien widmeten den verschiedenen Variationen dieser Masche bereits ihre Aufmerksamkeit. So berichtete *PlusMinus* am 2. Oktober 2007, wie professionell und organisiert die Täter beispielsweise in Russland vorgehen. Dort werden Wohnungen angemietet, in denen die Mittäter, die eigens von Psychologen dafür geschult werden, im Schichtbetrieb an mehreren Computern arbeiten.

Die Autoren der Internetseite www.e110.de, dem Sicherheitsportal von Eduard Zimmermann, geben Hinweise, was Sie beherzigen sollten, wenn Sie es wirklich ernst meinen.

Eine besonders perfide Form des Gefühlsmissbrauchs besteht darin, dass zwar eine Ehe eingegangen wird, aber mit dem Hintergedanken, dass der ausländische Partner über die Heirat mit einer Deutschen ein unbefristetes Aufenthaltsrecht in Deutschland erhält und/oder an ihr Geld kommt.

Im WDR-Fernsehen erschien 2007 ein Beitrag zum Thema *Bezness – Das Geschäft mit der Liebe*.[15] Eine junge Frau erzählte ihre Geschichte. Sie hatte einen moslemischen Mann aus Liebe geheiratet, nach kurzer Zeit allerdings festgestellt, dass die Liebe einseitig war und ihr Ehemann nur das Ziel verfolgte, eine dauerhafte Aufenthaltsgenehmigung zu bekommen. »Bezness« (in Anlehnung an das englische Wort »Business«) als Bezeichnung für das Geschäft mit der Liebe deutscher oder europäischer Frauen ist noch recht unbekannt.

Geschichten über die »große Urlaubsliebe«, verbunden mit einer vorschnellen Heirat des Traummannes, kennen sicher viele von Ihnen aus dem Bekannten- und Freundeskreis. Scheitern diese Ehen, dann haben es alle anderen so oder so schon vorher gewusst, nach dem Motto: »Das haben wir dir doch gleich gesagt.« Und das ist auch der Grund dafür, warum Betroffene mit ihrem Problem völlig allein stehen. Selbst ihre Familienangehörigen können nicht verstehen, wie das passieren konnte, machen unnötige Vorwürfe und treiben damit die »Opfer« in Geheimhaltung und Isolation.

Vorwürfe sind destruktiv und helfen betroffenen Frauen nicht, wenn sie vor dem Scherbenhaufen ihrer Beziehung stehen, wenn sie desillusioniert aus dem Heimatland des Mannes zurückkehren oder die Scheidung einreichen. Was sie brauchen, ist Hilfe und Unterstützung und nicht zusätzliche Vorwürfe. Wer vorschnell behauptet, die Frauen seien doch selbst schuld, sie hätten sich doch vorher besser informieren können und sollen, übersieht, dass diese Frauen aus Liebe geheiratet haben. Jeder von uns vertraut dem Menschen, den er liebt, auch wenn er eine andere Religion hat und aus einem anderen Kulturkreis kommt. Vertrauen und Toleranz sind die Grundlagen für jede Beziehung.

Niemand geht mit dem Gesetzbuch unter dem Arm in eine Ehe hinein! Warnungen anderer sind bei Verliebten chancenlos, sie werden als Vorurteile gegenüber Ausländern empfunden.

Es ist bitter für Frauen, irgendwann erkennen zu müssen, dass sie Opfer von Bezness geworden sind, dass die Ehe für ihren ausländischen Partner nur Mittel zum Zweck gewesen und dass es ihm nur um einen gesicherten Aufenthalt in Deutschland und Europa gegangen war. Neben dem Gefühl, getäuscht, um ihre Gefühle betrogen worden zu sein, haben viele der Betroffenen auch ihre Ersparnisse verloren oder ihre Existenz in Deutschland aufgegeben, um im Heimatland ihres neuen Mannes zu leben.

Evelyne Kern, eine ebenfalls von Bezness Betroffene, wurde in dem Beitrag *Bezness – Das Geschäft mit der Liebe* interviewt. Gestresst vom Job und einer zerrütteten Ehe, machte sie Urlaub in Tunesien. Dort traf sie die Liebe ihres Lebens, gab ein Jahr später ihre sichere Existenz in Deutschland auf und heiratete ihren Traummann. Wie sie im Verlauf der Ehe alles verlor, ihr Geld, ihre Liebe und ihre Würde, schildert die Autorin autobiografisch in dem Buch *Sand in der Seele*.[16]

Ausführliche Informationen über Bezness finden Sie auf der Internetplattform: http://www.1001geschichte.de. Auch viele Buchtipps sind dort zu finden.

Bezness wird deshalb zum Familiengeheimnis, weil Betroffene sich vor einer Verurteilung durch die Familie schützen möchten. Betroffene wissen selbst, dass sie einen Fehler gemacht haben und Opfer ihrer Gefühle geworden sind. Sie brauchen keine nachträglichen »pädagogischen Zeigefinger«: »... hättest du auf uns gehört«. Aber selbst dann, wenn die Familie vom Bezness ihrer Tochter weiß, tut sie alles, um die Wahrheit nicht an die Öffentlichkeit gelangen zu lassen, in der Absicht, das Ansehen der Familie zu schützen.

Die Liebe zu einem Straftäter

Eine Frau verliebt sich in einen »Knacki«, einen Mörder. Wie kann das passieren? In ihrem Kriminalroman *Liebeslänglich* erzählt Susanne Mischke[17] von diesem unbegreiflichen Phänomen:

Ordnung, Ehrbarkeit und Disziplin – diese Tugenden zählen in Mathildes Leben. Trotzdem verliebt sich die Lehrerin in einen Häftling. Die selbstbewusste Single-Frau trifft bei einem Arztbesuch zufällig auf den lebenslänglich wegen Mordes inhaftierten Lukas Feller, der eine unheimliche Faszination auf sie ausübt: Er trägt Handschellen und wird von zwei Beamten bewacht. Neugierig lässt sich die unabhängige und eigenwillige Frau auf die gefährliche Liebe zu einem inhaftierten Mann ein. Für sie ist es nicht irgendein »Knacki«, der seine Frau umgebracht haben soll, sondern ein Persönlichkeitstrainer. Seine Ausstrahlung lässt Mathilde nach der ersten Begegnung nicht mehr los. Trotz aller Warnungen heiratet sie den zu lebenslanger Haft Verurteilten. Bald darauf steht dieser vor ihrer Tür – neue Beweise belegten angeblich seine Unschuld. Ungefragt zieht er bei ihr ein. Für Mathilde erfüllt sich zunächst ein Liebestraum, der aber schnell zum Albtraum wird. Mathildes Leben gerät völlig aus den Fugen, denn weder sie (noch der Leser) wissen so ganz genau, ob Lukas Feller nicht doch schuldig hinter Gitter gesessen hat. Für Mathilde beginnt ein Höllentrip: In ihrem Umfeld ereignet sich ein mysteriöser Todesfall und immer mehr beunruhigende Details aus Lukas' Vergangenheit treten zutage. Viel zu spät fragt sich Mathilde, wer jener Fremde eigentlich ist, den sie so überstürzt in ihr Leben gelassen hat.

Dem Leser des Romans stellt sich die Frage: Was trieb Mathilde dazu, sich in einen Mörder zu verlieben und ihn auch noch zu heiraten? Sie ist sicherlich eine selbstständige, energische Frau. Aber sie hat Probleme im Kontakt mit anderen. Vielleicht faszinierte sie der Mann, der ihr zärtliche Briefe aus dem Knast schreibt, der sicher auf der Klaviatur ihrer Gefühle spielt. Vielleicht aber glaubt Mathilde auch bereitwillig an die Unschuld ihres inhaftierten Geliebten, dem das Schicksal übel mitgespielt hat und der zu Unrecht im Gefängnis einsitzt.

So selten kommen solche spektakulären Verbindungen gar nicht vor. Mädchen wachsen in typisch weibliche Rollenmuster hinein. Sie werden in einer Gesellschaft sozialisiert, in der immer noch überwiegend Frauen in sozialen Berufen arbeiten. Für andere da zu sein, ihnen zu helfen – das ist typisch weiblich, daraus beziehen Frauen oft ihre Bestätigung, sehen darin den Sinn ihres Lebens (Helfersyndrom). Und genau daher rührt die Attraktivität von Kriminellen, also gesellschaftlichen Außenseitern. Insofern kann es auch kaum Zufall sein, dass die meisten Frauen, die dem Serienmörder Frank Schmökel Liebesbriefe ins Gefängnis schrieben, von Beruf Krankenschwester waren.

Es gibt zahlreiche Frauen, die einem Straftäter per Kontaktanzeige begegnet sind. Zunächst weiß ja niemand, wer sich hinter einer Kontaktanzeige verbirgt. Im Schutz dieser Anonymität versuchen inhaftierte Straftäter, aus dem Gefängnis heraus Kontakt nach draußen aufzunehmen, mit dem Hintergrund, sich eine positive Sozialprognose für Hafterleichterungen oder eine vorzeitige Haftentlassung zu verschaffen. Frauen, die auf die raffinierte Masche dieser Täter hereinfallen, leben oft schon sehr lange allein und sind empfänglich für seelische Streicheleinheiten, auf die sich Straftäter oft hervorragend verstehen. Diese Frauen werden emotional regelrecht eingefangen und sind deshalb leichte Beute, weil sie durch jahrelange Liebesentbehrungen danach lechzen, geliebt zu werden. Und die vorgegaukelte Liebe und das Ausmalen einer gemeinsamen Zukunft machen sie unkritisch und blind.

Ellen, 43:
»*Ich war nach meiner Scheidung lange Jahre allein und sehnte mich nach Liebe und Geborgenheit. Das machte mich anfällig für einen inhaftierten Betrüger, den ich über eine Kontaktanzeige in einer seriösen Zeitung kennenlernte. Es ergab sich ein regelmäßiger Brief- und Telefonkontakt. Er und ich wollten uns Zeit lassen, uns vor einer persönlichen Begegnung über den Austausch unserer Wünsche und Erwartungen näher zu kommen. Mir war das recht, denn ... ›gut Ding' will Weile haben‹. Mir kam alles, was er sagte oder schrieb, logisch vor und ich ließ mich emotional immer mehr ein, bis ich selbst daran glaubte, der Liebe meines Lebens begegnet zu sein. Eine solche Übereinstimmung hatte ich zuvor noch nie erfahren. Täglich erreichten mich wunderbare Liebesbriefe, die mir schmeichelten. So hatte sich noch nie ein Mann um mich bemüht.*
Nachdem mich mein ›Romeo‹ emotional umgarnt hatte, beichtete er mir verschämt, dass er zurzeit in Haft sei wegen Steuerhinterziehung. Ich stufte das als nicht so schlimm ein. Für mich war das eigentlich ein Kavaliersdelikt, weil doch jeder irgendwie versucht, seine Steuern zu manipulieren. Ich versicherte ihm: ›Das stehen wir gemeinsam durch!‹
Nachdem sich mein ›Geliebter‹ meiner Liebe und meines Verständnisses sicher war, schlug er vor, dass ich ihn in der Haftanstalt besuchen sollte und wir uns bei dieser Gelegenheit verloben könnten. Er überließ mir die Regie, die Ringe zu besorgen (und natürlich auch, sie zu bezahlen). Natürlich behielt ich mein Verhältnis mit einem Inhaftierten geheim, vor meiner Familie, vor Freunden und Bekannten.
Nun begann die nächste Phase, in der er mich bat, ihm zu helfen, um eine vorzeitige Haftentlassung zu erreichen, was ja auch in meinem Sinn war. Er bat mich, seine ›Steuer-

schuld‹ in Höhe von 17 000 Euro auf das Anderkonto (oder Treuhandkonto) seines Anwalts zu überweisen mit dem Vermerk ›Darlehen‹. Für mich klang das alles äußerst korrekt. Ich sollte ja auch nur vorübergehend in Vorleistung treten, bis er entlassen würde und an seine Auslandskonten heran könnte. Da ich das Geld nicht hatte, nahm ich auf meine Eigentumswohnung eine Hypothek auf. Ich konnte nicht wissen, dass mein Verlobter während der Haft heraus Straftaten, und zwar Betrügereien, begangen hatte und nun – um einer erneuten Verurteilung zu entgehen, mit meinem Geld die Sache bereinigen wollte. Misstrauisch geworden versuchte ich, bei der Justizvollzugsanstalt (JVA) Erkundigungen über ihn einzuziehen, ob er tatsächlich wegen Steuerhinterziehung einsitze. Unter Hinweis auf Datenschutz verweigerte man mir eine Auskunft.

Nachdem sich mein Verlobter immer mehr in Widersprüche verwickelt hatte, wurde es mir mulmig. Ich erwachte aus meinen Illusionen und zeigte ihn an, mich um Geld und Gefühle betrogen zu haben. Da ein Darlehen unter Verlobten aber als eine Gabe im Hinblick auf eine gemeinsame Zukunft gesehen werden kann, handelte es sich nicht um ein Offizialdelikt, bei dem der Staatsanwalt ermitteln muss. Das war der Trick, mit dem man auch aus der Haft heraus betrügen kann.

Den Reinfall auf einen Betrüger habe ich als so demütigend empfunden, dass ich mit niemandem, weder mit meiner Familie, nicht mal mit meiner besten Freundin, darüber gesprochen habe.«

Die wenigsten Frauen, die in Verblendung einem Kriminellen »auf den Leim gegangen« sind, ihn geliebt und vielleicht sogar geheiratet haben, können das am Ende selbst verstehen, und das macht es ihnen auch so schwer, dazu zu stehen und diesen Irrtum in ihr Leben zu integrieren. Die meisten hüten solche Entscheidungen als Lebensgeheimnis, weil sie sich vor Verurteilung und Diskriminierung durch ihre Familie und die Gesellschaft fürchten.

Die verheimlichte Herkunft eines Kindes

Die heimlichen Kinder katholischer Priester

Eigentlich darf es sie nicht geben: Kinder von katholischen Priestern. Das Zölibat schreibt die Ehelosigkeit der Geistlichen vor. Priesterkinder sind deshalb eines der bestgehüteten Tabus der katholischen Kirche. Doch diesem Nicht-Existieren steht eine andere Tatsache gegenüber: Es gibt nämlich einen Etat für Kinder von Priestern, worüber allerdings – weil es ja eigentlich nicht sein darf – nichts bekannt werden darf. An diesem Beispiel zeigt sich die ganze Doppelzüngigkeit der katholischen Administration. Die Priesterväter verleugnen aus Angst um ihre Existenz die von ihnen gezeugten Kinder und lassen sie im Stich. Wird ein Fall bekannt, sind die Konsequenzen im 21. Jahrhundert nicht anders als in früheren Zeiten: Wenn der Priester sich zu Frau und Kind bekennt, wird er aus dem Dienst der Kirche entlassen.

In der Öffentlichkeit wird über dieses Phänomen nicht geredet, die Zahl der Priesterkinder ist unbekannt. Die Kirche schweigt auch heute noch darüber, obwohl die meisten Katholiken den Zwang zur Ehelosigkeit ihrer Priester für überholt halten. Was aber empfinden die Kinder katholischer Priester?

Immer mehr Priesterkinder, die es nach dem Willen des Papstes und seiner Bischöfe nicht geben dürfte, outen sich. Sie beschreiben ihre Not und wünschen sich nichts sehnlicher, als dass sie sich nicht länger schämen und verstecken müssen.

Christoph, 24:
»*Ich lebe in einem kleinen Dorf, in dem jeder jeden kennt. Vor einem Jahr platzte mir der Kragen. Ich klebte ein Plakat an das Schwarze Brett vor der Kirche mit den kirchlichen Bekanntmachungen. Darauf stand:* ›*Für Euch wird es ein Skandal sein und das, was ich zu sagen habe, wird nicht in Euer Weltbild passen: Ich bin der älteste von drei unehelichen Kindern. Unser Vater ist Euer Pastor, den Ihr alle schätzt und verehrt. Auch wenn Ihr es widerlich findet, ich lüfte das Geheimnis um meine und die Identität meiner Geschwister, weil ich es leid bin, Opfer zu sein und mit der Belastung dieses Geheimnisses leben zu müssen, während unser Vater unbehelligt, unbelastet und in Ruhe lebt und den fürsorglichen Seelsorger spielt, während meine Geschwister und ich gelitten haben und immer noch unter der Situation leiden.*‹ *Ich fühlte mich durch meine Offenbarung zunächst befreit, konnte aber nicht ahnen, dass das Dorf nicht Mitgefühl mit mir und meinen Geschwistern haben würde, sondern sich mit* ›*ihrem Pastor*‹ *solidarisierte und mich für diese* ›*Untat*‹ *einer solchen* ›*Nestbeschmutzung*‹ *schnitt. Ich hatte in ihren Augen ein Sakrileg begangen, indem ich es wagte, so etwas Ungeheuerliches öffentlich zu machen.*«

Christoph konnte die Verlogenheit und Heimlichkeit nicht mehr ertragen und wandte sich offensiv an die Öffentlichkeit. Er stellte seinen Vater, einen inzwischen 59-jährigen Priester, öffentlich an den Pranger. Warum hat Christoph das getan? Er hatte über weite Strecken seines Lebens schweigen und mit einem Tabu leben müssen, das ihn sehr belastete. Er wollte nicht mehr das Opfer sein und unter etwas leiden, wozu er absolut nichts konnte. Seine Entlastung, die er durch das Brechen des Tabus erreichte, löste jahrelang geübte Verhaltensmuster auf, die die meisten Priesterkinder trainieren mussten: vertuschen, verheimlichen, verleugnen.

Es gehört viel Mut dazu, den Teufelskreis aus Schuld, Scham und Sünde, in dem sich die Eltern oft gefangen fühlten, in der nächsten Generation zu durchbrechen.

Verena, 17:
»Ich musste immer stottern und stammeln, wenn ich in der Schule nach dem Beruf des Vaters gefragt wurde. Der war katholischer Priester und hatte meine Mutter nach 13 Jahren heimlicher Beziehung wegen einer anderen verlassen. Wut und Ohnmacht wechseln sich in mir ab und ich habe mir auch schon überlegt, ob ich mir therapeutische Hilfe hole. Oft fühle ich mich schuldig, weil es mich gibt. Ich habe auch schon mal Selbstmordgedanken gehabt und mir gesagt: Wenn es mich nicht mehr gibt, dann geht es allen besser!«

Tobias, 19:
»Mit neun Jahren erfuhr ich, dass ich der Sohn eines katholischen Priesters bin. Nach vielen Jahren der Heimlichkeiten, auf deren Grundlage ein Kind kein gesundes Selbstwertgefühl aufbauen kann, bekannte sich mein Vater zu mir und meiner Mutter, doch damit fingen die Probleme erst richtig an. Er musste den Hut nehmen und sein Amt quittieren. Seitdem ist er arbeitslos und meine Mutter versucht, mehr schlecht als recht den Unterhalt für uns herbeizuschaffen. Ich finde es unwürdig, ein verlogenes Leben führen zu müssen, aber auch die Art und Weise, wie die Kirche mit denen,

die sich zu ihren Kindern bekennen, umgeht. Ist das etwa christlich?«

Die ZDF-Reihe *ML Mona Lisa* widmete sich 2007 unter dem Titel »Mein Vater war ein Pfarrer«[18] dem Leid von Priesterkindern:

Die Reportage machte deutlich, dass Heimlichkeiten das Leben der Kinder von katholischen Priestern bestimmen. Die Mütter schweigen, oft bleiben die Väter für ihre Kinder unbekannt. Und wenn sich der Vater zu Frau und Kindern bekennt, beginnt der Kampf um die Existenz: Der Unterhalt, der bisher von der Kirche bezahlt wurde, entfällt, der Priester verliert sein Amt und sein Einkommen.

Auch der erfolgreiche Schauspieler Michael Mendl ist das Kind eines Priesters. Michael Mendl erfuhr als Kind erst nach und nach die Wahrheit über seinen leiblichen Vater: »Zunächst wusste ich nur, dass ich keinen Vater habe. Mit ungefähr acht Jahren habe ich dann mitbekommen, dass mein Vater ein katholischer Priester ist. Und mit elf hat mir dann meine Mutter in einer langen Nacht alles haarklein erzählt«, berichtete er in der Talkshow *Beckmann*.[19]

Nicht nur sitzen gelassen habe er ihn und seine Mutter, auch von Unterhaltszahlungen habe sein Vater nichts wissen wollen, so Mendl. Seine Mutter war Medizinstudentin und stand vor dem Nichts. In ihrer Not habe sie sich dann an den Bischof von Köln gewandt, doch der habe sie »rausgeschmissen« mit den Worten: »Wenn sie unsere Priester verführen, sind Sie selber schuld.« Trotzdem sei seine alleinerziehende Mutter zurechtgekommen: »Ich war im Kinderheim und wurde in der buckligen Verwandtschaft überall herumgereicht. Ich war bei jedem mal ein Vierteljahr, sie zogen mich abwechselnd gemeinsam auf.«

Bis heute hat Mendl seinen leiblichen Vater nicht kennengelernt. Für ihn sei sein Adoptivvater, Ernst Mendl, der eigentliche Vater.

Das Geflecht aus Verleugnen, Verschweigen und Lügen um den priesterlichen Vater traumatisiert viele Kinder für ihr ganzes Leben. Das Buch *Gottes heimliche Kinder*[20] erzählt die Geschichte von Gabriele F. Sie war neun, als sie erfuhr, dass der priesterliche Freund der Familie ihr Vater sei. Der führte zwölf Jahre lang ein Doppelleben: als Mönch und Direktor einer großen Klosterschule und als Vater zweier Kinder, Gabriele und einem älteren Bruder. Mit denen machte er auch Urlaub, zusammen mit der Mutter, die ebenfalls Lehrerin an der Klosterschule war.

Die Mutter geriet unter Druck, als sie zum zweiten Mal schwanger wurde, und zwar mit Gabriele. Die Tochter erzählt: »Meine Mutter ist damals total verzweifelt zu meinem Vater gegangen und hat gesagt, sie weiß nicht mehr weiter, er soll ihr helfen. Er hat dann gesagt ›Wenn du es nicht schaffst, dann treib es halt ab‹. Er bestreitet das zwar heute, aber ich glaube meiner Mutter.« Als sich der Mönch Jahre später öffentlich zu seiner Familie bekannte, begann eine kirchliche Hetzjagd. Ihm und seiner Frau wurde fristlos gekündigt. Die Familie stürzte in ein finanzielles und psychisches Chaos.

Die schlimmste Zeit begann, als der Vater zur Familie zog, erinnert sich Gabriele: »Ein normaler Vater fängt mit kleinen Kindern an. Er kam eben in eine Familie hinein, die gut funktioniert hat. Ich habe ihn als Fremdkörper empfunden.« Den normalen Ehe- und Alltagsproblemen hielt die Familie auch nicht stand. Es gab heftige Auseinandersetzungen zwischen den Eltern, die für die Kinder unerträglich waren. Der Vater konnte nicht in der Familie wurzeln, seine Entscheidung für Frau und Kinder kam zu spät. Daran zerbrach schließlich die Familie.

Die unbekannte Mutter – der unbekannte Vater

Annas Mutter starb bei ihrer Geburt. Als sie das zufällig von einer Nachbarin erfuhr, war sie schon neun Jahre alt. Der Schock saß tief. Lange wagte sie nicht, ihren Vater danach zu fragen. In ihr entstand die fixe Idee, am Tod ihrer Mutter schuld zu sein. Sie fing an zu grübeln und sich zurückzuziehen. In der Schule zeigte sie Konzentrationsstörungen. Das Verschweigen des Todes ihrer Mutter hatte ihr die Chance genommen, deren Tod in ihr kindliches Weltbild zu integrieren.

Ein anderes Beispiel:

Die 18-jährige Vivian, die seit dem Tod ihrer Mutter vor zwölf Jahren bei ihrem Vater lebt, hat einen furchtbaren Verdacht: Sie glaubt, dass ihr Vater ihre Mutter, die vor zwölf Jahren bei einem Unfall ums Leben gekommen sein soll, umgebracht hat. Den Verdacht begründet sie damit, dass ihr Vater immer dann, wenn sie ihn auf die Umstände des Todes ihrer Mutter anspricht, wütend und aggressiv wird, und auch ihre Oma allergisch auf das Thema reagiert. Vivian aber will Gewissheit und wendet sich an eine Detektei, um die Wahrheit herauszufinden.

Die Wahrheit ist, dass ihre Mutter noch lebt, von sich aus die Familie verlassen hatte und einen zweifelhaften Lebenswandel im Rotlichtmilieu führt. Diese Wahrheit, dass die Mutter Vater und Tochter abgelehnt hat, war für den Vater so schmerzhaft, dass er sie seiner damals sechsjährigen Tochter nicht zumuten wollte und konnte. Er wollte seine Tochter vor dieser Wahrheit »schützen« und dachte, dass seine Tochter vielleicht die »verstorbene« Mutter lieben könnte und bediente sich daher einer Lüge.

Dieses Beispiel macht deutlich, dass Eltern immer dann, wenn Kinder nach Familiengeheimnissen fragen, ihnen behutsam die Wahrheit sagen sollten, weil andernfalls die Vertrauensbasis beschädigt wird und die Fantasie wild zu wuchern beginnt und sich am Ende gegen denjenigen richten kann, der die Wahrheit verheimlicht.

Dunkle Geheimnisse entstehen oft aufgrund traumatischer Erlebnisse, die später verdrängt oder verleugnet werden. Doch für das kollektive, familiäre Schweigen muss oft ein hoher Preis gezahlt werden, denn das verdrängte Trauma arbeitet im Unterbewusstsein weiter. Es kann sich sogar auf die nächste Generation übertragen, wie das folgende Beispiel zeigt:

Schon als Kind hatte die heute 41-jährige Alice sich immer irgendwie anders gefühlt als ihre vier Geschwister. Sie empfand sich als Außenseiterin, als eine, die nicht wirklich dazugehörte. Anders als ihre Geschwister interessierte sie sich bereits mit zwölf Jahren für klassische Musik und wurde in ihrer Familie durch ihre »ausgefallene Neigung« noch mehr zur Außenseiterin. Erst mit 35 Jahren erfuhr Alice zufällig, dass ihr Vater gar nicht ihr leiblicher Vater war. Ihre Mutter hatte das eher beiläufig erwähnt. Alice tat so, als würde sie dieser unglaublichen Feststellung keine besondere Beachtung schenken. Erst nach Jahren fand sie den Mut, nach ihrem leiblichen Vater zu suchen.

Von Alice gab es weder Geburtsurkunde noch Taufurkunde. Sie versuchte, bei Tanten ihrer Großfamilie zu recherchieren. Die meisten gaben sich reserviert, doch eine bestätigte ihr schließlich, was Alice schon vermutet hatte: Ihr Anderssein war kein Zufall. Sie hatte es von ihrem Vater geerbt. Er war ein italienischer Pianist gewesen, der während seiner Tournee in Deutschland mit ihrer Mutter eine Affäre gehabt hatte. Zur damaligen Zeit von einem Ausländer unehelich schwanger zu werden, war für eine Familie ein großer Makel. Die Familie arrangierte daraufhin für Alices Mutter eine Heirat, die zwar nicht standesgemäß war, aber immerhin war so dafür gesorgt, dass Alice nicht unehelich zur Welt kam.

Alice erfuhr im Rahmen ihrer umfangreichen Recherchen endlich den Namen ihres Vaters. Als sie sich aufmachte, um ihren Vater kennenzulernen, erfuhr sie, dass er bei einem Verkehrsunfall ums Leben gekommen war. Trotzdem folgte sie den Spuren ihres leiblichen Vaters und lernte so seine Familie und ihre Halbgeschwister kennen. Um ein Gefühl für ihren toten Vater zu bekommen, machte Alice eine Psychotherapie. Das Wissen um ihre wahre Herkunft veränderte Alices Leben. Plötzlich hatte sie das Gefühl, mehr Energie und Lebensfreude zu haben und es wurde ihr langsam klarer, wer sie war.

Wie dieses Beispiel zeigt, verlieren Familiengeheimnisse, die aufgedeckt werden, ihre zerstörerische Macht.

Adoptierte Kinder

Bei Adoptionen gab es immer schon Geheimnisse um die wahre Herkunft. Kinder aber haben aber ein Recht darauf, zu wissen, wer ihre leiblichen Eltern sind. Ein Kind muss unbedingt alles über seine Herkunft wissen, weil es ansonsten früher oder später durch die Geheimnistuerei der Eltern oder ihrer Umgebung anfängt, an sich und der Welt zu zweifeln.

Lisa, 16:
»Ich bin in einer ganz normalen Familie aufgewachsen, dachte ich zumindest. Als ich in die Schule kam, verunglückte meine Mutter tödlich. Ich war so voller Wut und Trauer, dass ich oft sehr zickig war und mich mit meiner Freundin gezankt habe. Die schrie mir auf dem Schulhof hinterher, ich sei ein Bastard. Mein Vater sei gar nicht mein richtiger Vater, weil meine Mutter es mit dem Bruder meines Vaters getrieben habe. Ich fühlte mich wie vom Blitz getroffen und hilf- und schutzlos dieser Situation ausgeliefert. Von meinem Vater erfuhr ich dann, dass er nicht mein leiblicher Vater sei,

sondern sein Bruder. Aber er habe meine Mutter und mich immer geliebt.«

Wie das Beispiel zeigt, können Eltern sich kaum vorstellen, über wie viele Kanäle Informationen »gesteckt« werden können. Vielfach hören ihre Schützlinge auch etwas von anderen Kindern, die bei ihren Eltern etwas »aufgeschnappt« haben.

Was die meisten Eltern nicht wissen oder wahrhaben wollen, ist, dass Kinder, die von ihren Eltern von einem Geheimnis ausgeschlossen werden, emotional durchaus mitbekommen, dass etwas in der Familie nicht stimmt, denn es gibt immer tausend kleine Hinweise auf etwas Verstecktes. Eltern, die ein Kind adoptiert haben, sollten diesem Kind und natürlich auch etwaigen Geschwistern unbedingt sagen, dass sie nicht die leiblichen Kinder sind, und zwar möglichst früh und mit den geeigneten Worten.

Rosemarie, 53:
»Ich wuchs auch mit einem Geheimnis auf. Ich war sechs Jahre alt, als ich mit meiner kleinen Schwester von sehr lieben Eltern adoptiert wurde. Meine Adoptiveltern erzählten mir, dass sie uns aus dem Waisenhaus geholt hätten, weil unsere Eltern verstorben seien. Das mit dem Waisenhaus stimmte, weil die Fürsorge uns aus der Familie herausgeholt hatte. Dass meine Eltern verstorben seien, stimmte nicht. Es war eine Notlüge, die uns eine unbeschwerte Kindheit ermöglichen sollte.
Besser als meine Adoptiveltern hätten es leibliche Eltern nicht machen können. Ich hatte eine wirklich glückliche Kindheit, heiratete irgendwann und bekam selbst zwei Kinder.
Eine meiner neuen Verwandten musste es mir eines Tages genüsslich stecken, woher ich stammte und dass man uns

den leiblichen Eltern weggenommen habe, weil die Alkoholiker gewesen waren und uns Kinder verwahrlosen ließen. Sie gab mir ungebetene Ratschläge: ›Wegen deiner genetischen Belastung würde ich sicherheitshalber nie Alkohol im Hause haben, sonst landen vielleicht deine Kinder auch noch, wie ihre Großeltern, in der Trinkerheilanstalt.‹
Mir war, als zöge man mir den Boden unter den Füßen weg. Ich war sauer auf meine Mutter, weil sie mir nicht die Wahrheit gesagt hatte und ich es so erfuhr, was mit meinen leiblichen Eltern los war. Sie verteidigte sich damit, dass sie uns Kinder nur habe schützen wollen.
Weil sie befürchtet habe, dass möglicherweise eine genetische Belastung zum Alkoholismus vorliegen könne, hätten sie auch nie Alkohol im Haus gehabt. Es hat mich sehr bewegt, aber auch getröstet, dass meine Mutter unter Tränen gesagt hat: ›Ja, es stimmt, deine Eltern waren Trinker.‹ Ich war zutiefst enttäuscht, mit solchen Abgründen konfrontiert zu werden, konnte aber meine Adoptiveltern sehr gut verstehen, dass sie aus Angst vor Wiederholung alles vermieden, was mit Alkohol zu tun hatte. Ich habe gelernt, dass Geschichten, die verdrängt werden, schlimme Geschichten sind, und nur die, die einen Namen haben, in das eigene Leben integriert werden können.«

Wie dieses Beispiel deutlich macht, werden viele Dinge, die wehtun könnten, zum Geheimnis gemacht, um die Menschen zu schützen, die man liebt. Aber adoptierte Kinder spüren, dass sie irgendwie anders sind und wenn sie nach ihrer Herkunft fragen, muss man ihnen entsprechend ihrer Entwicklung die Wahrheit sagen. Wenn Eltern auch bei mehrfachem Fragen keine der Wahrheit entsprechende Antwort geben, bricht die Vertrauensbasis ein, mit der Folge, dass ein Kind niemandem mehr glaubt.

Das Urvertrauen ist dann nachhaltig gestört. Die Folge kann sein, dass es sich dann schnell ausgeschlossen und ausgestoßen fühlt. Es lässt beim geringsten Anlass Freunde oder Freundinnen fallen, weil es unterstellt, dass alle Lügner und Verräter sind. Deshalb gibt es eine unumstößliche Grundregel: Spätestens dann, wenn gefragt wird, muss die Wahrheit gesagt werden!

Lutz, 42:
»Ich habe mich immer wieder gefragt, warum ich kein gutes Verhältnis zu meinem Vater hatte. Meine zwei Schwestern, jünger und älter als ich, hatten immer mehr zu sagen und auch mehr Zuneigung und Anerkennung erhalten, von beiden Elternteilen. Da ich keinerlei Ähnlichkeit mit meinem Vater habe und außerdem Hobbys und Verhaltensweisen verschiedener nicht sein konnten, habe ich immer wieder mal verlauten lassen, ironischerweise, dass ich im Krankenhaus verwechselt worden sei. Wie dem auch sei, es gab immer wieder Ungerechtigkeiten, die mich wahnsinnig aufgeregt haben. Wenn ich meine Eltern darauf angesprochen habe, hieß es immer nur: ›Uns kannst du glauben, wir wollen nur das Beste für dich.‹
Da ich meine Eltern respektierte und ich auch keine Alternative sah, glaubte ich alles.
Da die Ungerechtigkeiten immer mehr zunahmen, auch, was das Erbe angeht, habe ich einen DNA-Test ohne Einverständnis meiner Eltern in Auftrag gegeben. Dieser Test sagte aus, dass mein angeblicher Vater zu 99,9 Prozent nicht mein biologischer Vater war. Daraufhin habe ich meine Mutter mittlerweile dreimal angesprochen. Sie hat es immer wieder abgestritten, mich unter Druck gesetzt, beschimpft und wollte gleichzeitig wissen, wer so etwas gesagt hätte, das wäre Rufmord. Da mir dieser Konflikt sehr nahe ging

und ich diese Angelegenheiten diplomatisch und auch ohne Anschuldigung meiner Mutter lösen wollte, habe ich ihr bei unserem dritten Gespräch den Test gezeigt, was Sie überhaupt nicht berührte. Nach der Bitte, sich mir gegenüber zu öffnen, sagte sie nur, dass das alles aus der Luft gegriffen wäre. Daraufhin habe ich meiner Mutter gedroht, ältere Leute aus unserer Nachbarschaft zu befragen, die sicherlich etwas wüssten. Daraufhin beschimpfte mich meine Mutter: ›Du Schwein willst mich erpressen?‹ Ich versuchte, sie zu einem neuen Vaterschaftstest zu bewegen, was sie wiederum mit der Aussage abwies: ›Das kommt gar nicht infrage, das würde eine ganze Familie zerstören.‹

Eines ist mir jetzt klar geworden, dass alle Fragen die ich seit meiner frühsten Kindheit mit mir herumtrage, beantwortet sind. Ich gehe davon aus, dass mein Vater alles wusste. Da er sehr konservativ ist, kann ich aus seiner Sicht froh sein, dass er mich mit großgezogen hat, denn geliebt hat er mich nie. Mir war es wichtig, dass ich nach Jahrzehnten gemeinster, ungerechter Behandlung und Lügen die Wahrheit erfahren habe.«

Kuckuckskinder

Ob der glückliche Vater tatsächlich auch der Erzeuger ist, bleibt oft das Geheimnis der Mutter. Es gibt Schätzungen, nach denen bis zu 10 Prozent[21] aller Kinder sogenannte »Kuckuckskinder« sind, also einen anderen Vater haben, als von der Mutter behauptet wird. Das Misstrauen von Vätern ist in Zeiten sexueller Freizügigkeit und Selbstbestimmung nicht unberechtigt.

In Afrika sagt man bei der Geburt eines Kindes häufig: »Mama's baby, papa's maybe.«

Ein »Kuckuckskindsvater« erzählt:
»Eigentlich hätte ich es merken müssen, dass unsere achtjährige Tochter gar nichts von mir hat. Ich hätte sehen müssen, dass sie gar nicht meine Tochter ist. Wie konnte ich nur so blind sein? Bis jetzt habe ich Jacqueline für meine Tochter gehalten.
Ich lernte meine Frau 1995 kennen. Schon bald darauf heirateten wir, weil ich mich für vier Jahre bei der Bundeswehr verpflichtet hatte und ab dem Zeitpunkt nur noch sporadisch zu Hause war. 1997 kam Jacqueline zur Welt. Ich war so froh, dass mein bester Freund Michael sich um meine Familie kümmerte, ich war ja so selten zu Hause. Schon Monate nach der Geburt nahm meine Mutter mich beiseite und sagte: ›Du, ich finde, Jacqueline sieht dir überhaupt nicht ähnlich …‹ Doch ich war ein so glücklicher Vater, dass ich ihre Beobachtungen nicht ernst nahm. Ich wunderte mich nur darüber, dass mein Freund Michael kurz nach der Geburt aus unserem Leben verschwand. Er zog nach Süddeutschland und brach jeden Kontakt ab. Ich hätte stutzig werden müssen. Unsere Ehe begann irgendwann zu kriseln und im verflixten siebten Jahr kam es zur Trennung. In Verbindung mit den Unterhaltsforderungen für meine Frau und meine Tochter machte ich mir über das, was meine Mutter an Zweifeln geäußert hatte, ernsthaft Gedanken. Ich ließ mich auf Zeugungsfähigkeit untersuchen, weil meine Exfrau und ich lange vergeblich versucht hatten, ein Kind zu bekommen. Das Ergebnis war niederschmetternd: Die Hälfte meiner Spermien waren unbeweglich, der Rest wies Deformitäten auf. Diagnose: nur bedingt zeugungsfähig. Ein aus dem Internet georderter DNA-Speicheltest gab letzte Gewissheit: Ich bin nicht Jacquelines Vater. Die Mutter will zu den Vorwürfen nichts sagen, alle Unterhaltsansprüche habe ich erst

einmal auf Eis gelegt, denn als gehörnter Ehemann sehe ich nicht ein, für das Kind eines anderen zu zahlen. Ich fühle mich gedemütigt, dass meine Exfrau mir ein fremdes Kind untergeschoben hat. Das werde ich ihr nie verzeihen.«

Tausende Kinder wachsen auf, ohne zu wissen, dass ihr Papa nicht ihr leiblicher Vater ist. Und wie ergeht es ihnen, wenn sie erfahren, dass ein ganz anderer ihr leiblicher Vater ist? Was passiert, wenn eine Mutter ihrer Tochter gesteht, dass sie ein Kuckuckskind ist? Was geschieht dann mit ihrer bisherigen Identität?

Hierzu ein Fallbeispiel aus einem meiner Seminare:

Thomas, 64:
*»Ich litt jahrzehntelang unter einer Lebenslüge. Gespürt habe ich es immer. Ich wusste, der Vater im Hause kann nicht mein leiblicher Vater sein. Wenn er sich ärgerte, sagte er: ›Hau ab, du Ekel.‹ So redet ein leiblicher Vater nicht mit seinem Kind, schon gar nicht als Christ. Einmal kam ein Freund vorbei, sah meine blonden Haare, die so anders sind als die dunklen Haare meiner Geschwister, und sagte: ›Das ist euer weißes Schaf.‹ ›Nein, unser schwarzes‹, antwortete mein Vater. In meiner Familie wurde oft getuschelt. Ich versuchte, mich zu beruhigen und sagte mir, die reden über deinen außergewöhnlichen Vornamen. Aber ich spürte, dass etwas überhaupt nicht stimmte. Man behandelte mich, als gehöre ich gar nicht dazu. Ich lag oft weinend im Bett. Ich dachte an Selbstmord. Mir fehlte die Kraft zum Leben.
Als ich 22 Jahre alt war, fragte ich meine Mutter nach meinem Vater. Wir waren gerade dabei, die Hochzeit meiner Schwester vorzubereiten. Meine Mutter war entsetzt. Ihre Antwort war knapp. Sie sei vergewaltigt worden. Sie wolle*

nicht darüber reden. Ab dem Zeitpunkt wusste ich zumindest, wieso der Vater so aggressiv zu mir war. Ich versuchte, mit dieser Wahrheit zu leben.

Ich heiratete, bekam zwei Kinder. Aber ich spürte noch immer, dass etwas nicht in Ordnung war. Es war, als wolle die Narbe nach einer großen Operation nicht zuwachsen. Ich zweifelte an mir selbst. Schließlich ging ich zur Schwester meiner Mutter, fragte nach meinem Schicksal. Aber die wollte nichts sagen, sich nicht einmischen, wie sie sagte.

Ich ließ nicht nach, die Wahrheit herauszufinden. Ich lud meine Mutter und meinen Vater zum Kaffee ein. Ich ging ganz offensiv vor und sprach ihn an: ›Ich weiß, dass ich nicht das Kind einer Vergewaltigung bin und du weißt es auch. Ich möchte jetzt den Namen meines leiblichen Vaters wissen.‹ Es war eine Befreiung: Mein Vater schien froh, dass ich das ausgesprochen hatte. Meine Mutter bat mich ein paar Tage später zu sich. Sie nannte mir den Namen meines leiblichen Vaters. Sie erzählte knapp, dass ihr Ehemann im Krieg in russische Gefangenschaft geraten war.

Irgendwann nahm sie einen verwundeten Soldaten in ihr Haus auf und pflegte ihn gesund. Sie waren damals beide 25. Da ist das dann passiert. Als meine Mutter erfuhr, dass ihr Mann noch lebte und aus der Gefangenschaft entlassen würde, ist mein leiblicher Vater weggegangen.

Ich habe ihn nach Jahren ausfindig gemacht und einmal gesehen. Ich stand an seiner Tür und habe nur drei Sätze geredet. Ich war überglücklich und völlig erschöpft zugleich. Später habe ich noch ein paar Mal mit ihm telefoniert. Ich habe gemerkt, dass er zurückhaltend ist. Er wollte, dass seine drei Kinder aus seiner Ehe nichts davon erführen. Irgendwann ist er gestorben. Danach habe ich auf eigene Faust Kontakt zu meinen drei Halbgeschwistern aufgenommen.

Sie waren sehr überrascht. Heute sehen wir uns regelmäßig und sind froh, uns gefunden zu haben.
Es bedurfte für mich jedes Mal Überwindung, weiter an der Wahrheit zu forschen. Ich musste immer Kräfte sammeln, weil ich ja nie wusste, was auf mich zukommen würde. Nicht jedes Kind hat die Kraft, nach der Wahrheit zu fragen. Aber jedes Kind spürt die Lüge. Eltern sollten unbedingt ehrlich zu ihren Kindern sein. Es ist ein Schock, wenn man merkt, dass man angelogen worden ist. Ich war von der Hälfte meiner Wurzeln abgeschnitten. Mir wurde es aberkannt, meinen Vater kennenzulernen. Mit welchem Recht eigentlich?«

Der Wahrheit auf die Spur zu kommen, kann sowohl belastend wie auch entlastend sein. Wer am Ende erfährt, das Produkt einer Vergewaltigung oder eines One-Night-Stands zu sein, hat mit der eigenen Identität mitunter Schwierigkeiten.

Das Thema Kuckuckskind ist sehr emotional besetzt und hat mit Scham zu tun. Wenn ein Mann erfährt, nicht der Vater seines Kindes zu sein, wird er zutiefst in seiner Männlichkeit getroffen. Betroffene Kuckuckskinder erzählen oft, wie wichtig es für sie als Kinder war zu wissen, von wem sie abstammen. Kinder, denen verheimlicht wird, dass sie ein Kuckuckskind sind, spüren es oft unbewusst und leiden unter dem Gefühl, dass es um sie offensichtlich ein Geheimnis gibt.

Das Verhältnis zwischen Sarah und ihrer Mutter war nicht immer harmonisch. Missverständnisse und Streitereien standen lange Zeit zwischen der 22-Jährigen und ihrer Mutter. Eine Psychotherapie sollte Sarah helfen, mit sich und ihrer Umwelt wieder ins Reine zu kommen – und die Essstörung in den Griff zu bekommen. Die Psychotherapie brachte weit mehr ans Licht, als es sich die beiden jemals erträumt hätten: Sarahs Vater war nicht ihr wirklicher Vater.

Obwohl sie es schon immer geahnt hatte, löste diese Erkenntnis bei Sarah Herzklopfen, Schwindel und das Gefühl von Ohnmacht aus.

Sarah, 22:
»*Ich habe immer gedacht, ein Mensch, der sich nicht um mich kümmert, den es nicht interessiert, wer ich bin und was ich mache, der kann eigentlich nicht mein Vater sein. Es gab zwischen mir und meinem Vater keinen Kontakt, keine Anrufe, keine Briefe und er zahlte auch keinen Unterhalt für mich, obwohl er mich als seine leibliche Tochter anerkannt hatte. Ich hatte mir immer den Jugendfreund meiner Mutter als Vater gewünscht. Zwischen der Trennung meiner Mutter von ihm und meiner Geburt lag nur etwas mehr als ein Jahr. Mein urkundlicher Vater und ich hatten keinerlei Ähnlichkeit. Natürlich habe ich mir immer wieder gesagt, dass mein Äußeres nach der Familie meiner Mutter kommt. Aber da war immer noch ein eigenartiges Bauchgefühl. Erst nach der Offenbarung meiner Mutter begann ich zu begreifen. Eines Tages machte ich mich auf die Suche nach meinem leiblichen Vater. Das Jugendamt hatte mir seine Adresse mitgeteilt. Ich stand unangemeldet vor seiner Tür. Seine erste Reaktion war die Frage, ob ich wegen Geld kommen würde. Als ich dies von mir wies und sagte, dass ich ihn nur kennenlernen wollte, meinte er nur, dass er sich ja im Übrigen gar nicht sicher sei, ob ich wirklich seine Tochter sei, und knallte mir die Tür vor der Nase zu.*«

Die Therapie half Sarah zu erkennen, dass sie auch ohne Vater eine wunderbare Familie hatte. Ihre Magersucht, wegen der sie eigentlich eine Therapie begonnen hatte, war plötzlich gegenstandslos geworden.

Kinder haben ein Grundrecht darauf zu wissen, wer der leibliche Vater ist. Es ist wichtig für die eigene Identifikation. Jeder Mensch muss wissen dürfen, wer er ist und wo seine Wurzeln sind. Die meisten, die auf das Familiengeheimnis stoßen, ein Kuckuckskind zu sein, sind zunächst einmal enttäuscht und gekränkt, dass ihnen ihr leiblicher Vater so viele Jahre vorenthalten wurde. Viele begeben sich auf intensive Vatersuche und erfahren dabei nicht selten Zurückweisung und das Gefühl, zu stören und unerwünscht zu sein.

Das Gefühl der Scham bewegt viele Mütter dazu, mit einer Lüge zu leben, einer Lüge gegenüber dem Kind, dem Vater und gegenüber sich selbst. Wie bereits eingangs erwähnt, ist statistisch gesehen jedes zehnte Neugeborene ein Kuckuckskind. Die Väter sind meist ahnungslos und unterschreiben die Vaterschaftserklärung. Der Verdacht, dass das Kind nicht das eigene ist, entsteht meist erst im Laufe der Jahre. Ähnlichkeiten werden gesucht und nicht gefunden. Oft äußern nahe Verwandte einen Verdacht. Viele Männer wollen mit dieser Ungewissheit nicht leben und lassen – meist ohne das Wissen der Partnerin – einen *Vaterschaftstest* machen. Dazu reichen ein paar Haare aus dem Kamm des Kindes oder ein Kaugummi. Im Labor wird dann ermittelt, ob das Kind Gene vom Vater hat oder nicht.

Heimliche Vaterschaftstests sind zwar nicht verboten, aber nach einem Urteil des BGH vom 12. Januar 2005 vor Gericht nicht verwertbar.[22]

Deswegen sollte ein Vater, auch wenn er zweifelt, ob sein Kind wirklich sein Kind ist, niemals einen DNS-Vaterschaftstest ohne Wissen seiner Partnerin in Auftrag geben. Ein solches Vorgehen ist ein ebenso großer Vertrauensbruch wie die Lüge einer Frau, was die Vaterschaft angeht. Wenn Zweifel aufkommen, sollte immer mit der Partnerin darüber gesprochen werden, auch um ihr die Möglichkeit zu geben, eventuell selbst die Wahrheit zu sagen.

Wenn ein Mann erfährt, dass er nicht der Vater seines vermeintlichen Kindes ist, sind verschiedene Reaktionen möglich. Die meisten Männer sind tief in ihrer Männlichkeit gekränkt und verletzt. Viele Männer brechen aber trotzdem nicht die Beziehung zu »ihrem« Kind ab, auch wenn die Beziehung zur Mutter manchmal darüber in die Brüche geht. Es gibt aber auch Männer, die ein gerichtliches Gutachten beantragen, um rückwirkend auf Ersatz des bereits gezahlten Unterhalts zu klagen.

Warum verheimlichen Frauen ihren Männern, dass ein anderer Mann der Vater des Kindes ist? Ganz einfach: Viele Frauen haben Angst, dass ihre Beziehung in die Brüche geht, wenn sie die Wahrheit sagen. Oft handelt es sich bei dem Kuckuckskind um die Folge eines einmaligen, ungeschützten Seitensprungs oder einer kurzen Affäre, die ohne die Schwangerschaft ohne jede weitere Bedeutung geblieben wäre. Es gibt aber auch Frauen, die ihr Kind nicht ohne Vater aufwachsen lassen wollen, wenn der wirkliche Vater aus den unterschiedlichsten Gründen nicht zur Verfügung steht (weil er beispielsweise mit einer anderen Frau verheiratet ist).

Sollten Frauen immer die Wahrheit sagen oder gibt es auch Situationen, in denen Schweigen besser ist? Schweigen ist in jedem Fall die schlechteste Lösung, denn durch die ständige Lüge wird die Frau so stark belastet, dass es zu körperlichen und seelischen Erkrankungen kommen kann. Darüber hinaus wirkt sich eine solche Lüge auf die ganze Familienkonstellation aus, weil jedes Familienmitglied instinktiv spürt, dass etwas nicht in Ordnung ist.

Für ein Kind ist es nicht entscheidend, ob es der leibliche Vater ist, der es liebt, sondern dass da *überhaupt* jemand ist, der es liebt. Wichtig ist es auch, dass die Möglichkeit besteht, den leiblichen Vater kennenzulernen, um die eigene Identität besser entwickeln zu können. Trotzdem wird das Kind immer denjenigen weiter lieben, der mit ihm lebt und sich liebevoll kümmert.

Michael, 37:
»*Ich war immer Vaters Liebling, aber nicht sein Sohn. Erfahren habe ich das aber erst jetzt, kurz bevor mein Vater starb. Schon als kleines Kind, seit ich mich erinnern kann, wurde ich immer darauf angesprochen, dass ich meinen Geschwistern gar nicht ähnlich sah. Ich fand das lustig, es hat mich nicht groß beschäftigt, sondern ich habe dann oft gesagt: ›Das ist ein Geheimnis meiner Mutter, sie sagt mir nicht, ob's der Briefträger oder der Milchmann gewesen ist.‹ Das war für mich überhaupt nicht schlimm, weil es in meinem Umfeld so viele Familien gab, in denen auch andere anders aussahen als die andern. Es wäre mir nie eingefallen, das dahinter zu sehen, worüber andere spekulierten. Von daher hatte ich eine sehr schöne, angenehme Jugend auf dem Land, intaktes Familienleben, man kann es sich eigentlich nicht schöner vorstellen.*«

Tabuisierte Erkrankungen in der Familie

Depression eines Elternteils

Dass man körperliche Krankheiten aller Art haben kann, gilt in unserer Gesellschaft als normal. Manifestieren sich in Familien allerdings psychische Erkrankungen wie Depression, Schizophrenie, Psychose oder Borderlinesyndrom, besteht eine tatsächliche oder vermeintliche Bedrohung für alle Familienmitglieder. Deshalb versucht man, diese Krankheiten geheim zu halten.

Wenn Eltern psychische Probleme haben, wirkt sich das auf den Alltag der Familie aus. Insbesondere die Kinder leiden darunter, wenn eine wichtige Bezugsperson wegen psychischer Probleme »ausfällt«.

Lena, 13:
»Irgendwann fiel mir durch den Vergleich meiner Mutter mit anderen Müttern, die ich kannte, auf, dass mit Mama irgendetwas nicht stimmte. Sie wurde immer unberechenbarer und ich traute mich bald nicht mehr, Freunde mit nach Hause zu bringen, weil ich mich meiner Mutter schämte und meine Freundinnen nichts mitbekommen sollten. Dann kam die Phase, dass meine Mutter in die Psychiatrie eingeliefert wurde. Ich hielt das geheim und sagte, sie sei in der Reha. Durch die unaussprechliche Krankheit meiner Mutter, von der niemand wissen durfte, veränderte sich alles. Ich musste viele Aufgaben übernehmen, die eigentlich die meiner Mutter waren, und verlor so die Unbefangenheit meiner Kindheit.«

Frederike, 15:
»Bei meiner Mutter lautete die Diagnose Depression. Mehrfach unternahm sie Selbstmordversuche, der dann Psychotherapien folgten. Ich beobachtete, dass sich das Verhältnis meiner Eltern verschlechterte und lebte in ständiger Angst, mein Vater könnte uns verlassen. Ständig hatte ich Angst, meine Mutter könnte sich wieder etwas antun, und ich hatte niemanden, mit dem ich hätte darüber reden können, denn wer hat schon Verständnis dafür, dass eine Depression eine schlimme Krankheit ist, die die ganze Familie krank macht

und ausgrenzt, weil darüber nicht gesprochen werden darf? Die Angst lag immer in der Luft, dass ich sie wieder so finden könnte – beim nächsten Selbstmordversuch.«

Psychische Erkrankungen werden als Familiengeheimnisse gehütet, weil es auch darüber viele Vorurteile gibt, die zur Stigmatisierung und zur sozialen Isolation führen. Die permanente Geheimhaltung der psychischen Erkrankung eines Elternteils ist für Kinder eine Überforderung, die sie unter Druck bringt. Obwohl Kinder das merkwürdige Verhalten ihres psychisch kranken Elternteils selbst nicht verstehen, halten sie oft nach außen dicht, weil sie ahnen, dass über dieser Krankheit ein Tabu liegt.

Dieses Verhalten hat jedoch meist schwerwiegende Folgen: Eine tabuisierte psychische Erkrankung von Eltern führt bei Kindern zu Desorientierung, Schuldgefühlen und Isolation. Die Probleme werden dadurch hervorgerufen, dass Kinder und Jugendliche die Krankheitssymptome und die Probleme der Eltern als unberechenbar und verwirrend erleben. Sie können sie oftmals nicht verstehen und einordnen. Sie glauben dann, dass sie an den psychischen Problemen ihrer Eltern schuld sind, dass also die Krankheit eine Folge ihres eigenen Verhaltens gegenüber den Eltern ist.

Weil auch heute noch in vielen Familien eine psychische Erkrankung etwas Unaussprechliches ist und deshalb als Familiengeheimnis behandelt wird, müssen Kinder mit dem Tabu leben. In der Folge ziehen sich solche Kinder von ihrer sozialen Umwelt meist zurück. Sie leiden unter einem Mangel an Aufmerksamkeit, Geborgenheit, emotionaler Nähe und Zuwendung. Psychisch kranke Eltern können nicht auf die Bedürfnisse ihrer Kinder reagieren, was dazu führt, dass die Kinder unter ihren Eltern leiden und häufig zu kurz kommen. Stattdessen müssen sie in der Familie zusätzliche Aufgaben übernehmen, die von den Eltern aufgrund der Krankheit nicht geleistet werden können. Durch diesen Rollentausch übernehmen die Kinder oftmals Aufgaben, die sie hoffnungslos überfordern. Zudem erleben sie in den Familien Spannungen und Konflikte, in die sie einbezogen werden. Nach außen formulieren sie ihre Sorgen und Nöte nur selten, weil sie sich vor Freunden und Bekannten schämen und weil sie zwischen Loyalität zur und Distanzierung von der Familie schwanken. Außerdem erleben sie unter Umständen, dass sie selbst durch die Tatsache der psychischen Erkrankung ihrer Eltern von ihrem sozialen Umfeld abgewertet werden.

René, 48:
»Die Ehe meiner Eltern war sehr schlecht: Mein Vater ist durch einen Betriebsunfall zum Frührentner geworden, er war jähzornig und nur sehr schwer zugänglich, meine Mutter dagegen psychisch sehr labil und suizidgefährdet.
Mehrere Male unternahm meine Mutter Selbstmordversuche. Beim ersten war ich erst 15 Jahre alt. Ich lebte ab diesem Zeitpunkt in ständiger Sorge um meine Mutter und konnte mich in der Schule nur noch schwer konzentrieren. Diese Phase hat mein Leben in vielerlei Hinsicht negativ beeinflusst.
Oft kam ich mir vor wie ein Kontrolleur oder der Vormund meiner Mutter. Ich packte alle Tabletten, die ich zu Hause fand, in meine Schultasche, und ich musste darauf achten, mit diesem Cocktail nicht erwischt zu werden. Überall in der Wohnung kontrollierte ich etwaige Verstecke, und ich kontrollierte regelrecht meine Mutter, damit sie nicht doch noch irgendwelche Pillen schluckte. Angst war mein ständiger Begleiter.
In meiner Not vertraute ich mich meiner Klassenlehrerin an, die eine Sozialarbeiterin einschaltete. Meine Mutter bekam eine Kur in einer psychosomatischen Klinik. Dort überwand

sie ihre Selbstmordgedanken, blieb aber weiterhin labil. Sie klammerte sich sehr an mich und hinderte mich daran, mein eigenes Leben zu leben.
Als ich 16 war, konnte ich kaum einen Schritt vor die Tür gehen, ohne dass sie mir folgte, und wenn sie zum Beispiel zu einem Arzt in die Stadt musste, stand für sie fest, dass ich sie zu begleiten hatte. Während andere Jungen ihre erste Freundin hatten, war ich praktisch das Kindermädchen für meine Mutter.
Das alles ist lange her. Inzwischen leben meine Eltern nicht mehr, aber ich habe niemals geheiratet, obwohl ich immer eine eigene Familie haben wollte. Aus Angst, vielleicht Beziehungsangst, habe ich auf eine Heirat verzichtet. Ich bin aufgrund des Familiengeheimnisses ›Suizidgefährdung‹ und der Geheimhaltung unserer häuslichen Tragödie ein richtiger Einzelgänger geworden, der keinem Menschen vertrauen kann. Und obwohl meine Eltern bereits seit Jahren tot sind, sind bei mir Angst und Unsicherheit geblieben.«

Dieses Beispiel zeigt: Die Erfahrung mit einem psychisch kranken Elternteil und die Geheimhaltung dieser Krankheit hat einen hohen Preis. Der ständige Begleiter der Kinder erkrankter Eltern ist Angst: Angst vor der Unberechenbarkeit des erkrankten Elternteils, Angst vor Aufdeckung des Geheimnisses und Angst davor, selbst psychisch zu erkranken.

Eine psychische Erkrankung der Eltern nimmt viel Platz im Leben der Kinder ein. Kinder psychisch kranker Eltern sind früh gezwungen, Verantwortung für ihre Eltern und Geschwister zu übernehmen. Eine psychische Erkrankung eines Elternteils ist ein Hochrisikofaktor für die Entwicklung eines Kindes. Wegen der Geheimhaltung dieser Erkrankung kommt professionelle Hilfe meistens zu spät. Psychische Erkrankung der Eltern ist noch immer ein Tabu, denn welches Kind möchte sich schon gern in der Schule demütigen lassen: »Du tickst ja nicht richtig, weil du eine durchgeknallte Mutter hast!«

Weil Kinder psychisch kranker Eltern permanent außergewöhnlichen Belastungen ausgesetzt sind, sind Beratungs- und Betreuungsangebote äußerst wichtig. Mittlerweile ist eine ganze Reihe von Initiativen entstanden, die psychisch kranken Eltern und ihren Kindern präventive Hilfe anbieten.

(Weiterführende Literatur zu diesem Thema: s. Anhang!)

Autoaggression

Unter Autoaggression versteht man ein sich selbst verletzendes Verhalten. Am bekanntesten ist das sogenannte »Ritzen« (Borderlinesyndrom), eine Selbstverletzung mithilfe von Rasierklingen, Messern, Scheren, Nadeln usw. Damit wird die Haut aufgeritzt oder aufgeschnitten, bis Blut herausquillt beziehungsweise eine Wunde klafft. Die Narben als Wundmale werden meist verdeckt, manchmal auch immer wieder aufgeritzt, bis schwere Entzündungen und Hautkrankheiten entstehen.

Während verschiedene Arten der Selbstverstümmelung schon immer verübt wurden (so zum Beispiel unter Soldaten, um einen Kriegseinsatz zu vermeiden, oder bei schweren psychiatrischen Erkrankungen wie das berühmte Beispiel des Malers van Gogh, der sich ein Ohr abgeschnitten hat), ist diese Art der Selbstverletzung ein relativ neues Phänomen.

»Das Borderlinesyndrom ist eine Persönlichkeitsstörung mit ausgeprägter emotionaler Instabilität. Das Leiden ist sehr vielschichtig und je nach Person verschieden ausgeprägt ... Ein Zusammenspiel mehrerer Faktoren wird diskutiert:

- angeborene Veranlagung: stark ausgeprägte Emotionen, Sensibilität und Impulsivität,
- traumatische Kindheitserlebnisse (Scheidung, Missbrauch, Verluste, Vernachlässigung),
- Erziehungsstil der Eltern: Bestimmte Erziehungsformen können bei entsprechender Veranlagung ein Borderlinesyndrom begünstigen. Dazu zählt eine Erziehung mit ständig wechselnden Grenzen und Konsequenzen oder zu viel Nähe (dem Kind ist es unmöglich, sich abzugrenzen) bzw. Distanz (Vernachlässigung).«[23]

Selbstzerstörerisches Verhalten ist immer ein Symptom für schwere seelische Belastungen, innerer Leere oder Spannungszuständen, Trauer, Hass und Selbsthass, für die ein Ventil gesucht wird. Der Psychiater und Psychotherapeut Ulrich Sachsse spricht bei selbstverletzendem Verhalten als »verzweifeltes Mittel zur Selbstbehandlung«.[24]

Menschen mit Borderlinesyndrom verletzen sich, um innere Spannungen abzubauen. Schmerzen empfinden die Betroffenen erst viel später. Die Selbstverletzung führt zur Beruhigung. Sachsse vertritt die Auffassung, dass Borderline-Patienten Selbstverletzung einsetzen, um sich vor Depressionen zu schützen: »Zur Abwendung dieses Zustandes wird die Selbstbeschädigung als Antidepressivum und Antidysphorikum eingesetzt.«[25]

Seiner Erfahrung zufolge diene selbstverletzendes Verhalten (Autoaggression) der Selbstbestrafung, denn viele Patienten empfänden rasende Wut auf sich selbst, wenn sie ihren eigenen hohen Ansprüchen nicht gerecht würden. Borderline-Patienten haderten sehr oft mit der Welt und ihrem Schicksal und reagierten die Wut darüber an sich selbst ab.

Für die Betroffenen ist es sehr schwer, sich selbst und anderen einzugestehen, dass sie sich selbst verletzen, weil sie mit einer gesellschaftlichen Ächtung rechnen. Deshalb ist diese Krankheit auch stark tabuisiert. Viele Betroffene halten sie geheim, weil sie glauben, dass sie durchgedreht, verrückt oder schlecht bzw. böse sind. Sie fürchten, für immer ausgestoßen zu werden, falls sie es doch jemandem erzählen.

Wenn das Umfeld von dieser Form der Selbstverletzung erfährt, neigt es leider oft dazu, den Betroffenen als geisteskrank oder verrückt einzustufen. Auch dies ist ein Grund dafür, dass sich viele Betroffene nicht trauen, den Schritt aus der Heimlichkeit heraus zu machen und um Hilfe zu bitten.

Solange die Gesellschaft verurteilt, statt Mitgefühl und Verständnis zu zeigen, so lange werden die darunter Leidenden weiterhin schweigen und so lange wird diese Form einer psychischen Erkrankung geheim gehalten.

Britta, 22:
»Ich bin in einem sehr autoritären Elternhaus aufgewachsen, in dem es intellektuell und verstandesorientiert zuging. Gefühle wurden als lächerlich abgewertet. Irgendwann habe ich selbst gemerkt, dass mit mir etwas nicht stimmt. Das war letztes Jahr, als ich wieder anfing, mich selbst zu beißen. Es hat irgendwann nicht mehr gereicht und ich musste mich ritzen. Ich habe dann immer langärmelige Oberteile getragen, dass niemand etwas merken konnte. Aber in der Familie so etwas geheim zu halten, ist fast unmöglich. Irgendwann, bei einer spontanen Bewegung, rutschte ein Ärmel hoch und meine Schwester sagte: ›Was ist denn das, ich glaube, ich spinne, bist du nun verrückt geworden, an dir herumzuschnibbeln? Du gehörst in die Psychiatrie.‹ Für meine Familie war ich mit einem sichtbaren Makel behaftet, der als Familiengeheimnis nach außen totgeschwiegen wurde. Ich war nur noch peinlich und man musste mein ›Prob-

lem‹ streng geheim halten, um das Ansehen der Familie nach außen nicht zu beschädigen. Zum Glück hatte ich eine gute Freundin, mit deren Unterstützung ich mir therapeutische Hilfe gesucht habe. Ich fand eine sehr gute Therapeutin, die mir erst mal geholfen hat, mir meine Gefühle wieder zuzulassen, und es hat auch fast über ein halbes Jahr gedauert, bis ich fähig war, darüber zu reden. Sie war und ist sehr geduldig mit mir. In diesen Gesprächen sind Ängste wieder in mir aufgestiegen, die ich lange unterdrückt hatte.

Im Rahmen der Therapie habe ich mich oft selbst gefragt, warum ich mich selbst verletzt habe. Ich habe mich geritzt, weil sich ein Schnitt wie ein Schuss bei einem Drogenjunkie anfühlt. Man fängt an zu schwitzen und mit jedem Schnitt fühlt man sich echt so, als ob die Gefühle und die Wut durch die Wunden und das Blut austreten. Man fühlt sich im ersten Moment echt frei und glücklich. Man merkt nichts mehr und lässt erst alles los, wenn man das Gefühl hat, dass die Wut weg ist. Man ist wie in Trance, spürt seinen Körper nicht mehr. Meist nach zehn Minuten spürt man dann den Schmerz an der Stelle und es wird sehr warm. Dann plagt einen das schlechte Gewissen und man fühlt sich als Versager, Probleme nicht anders lösen zu können.

Ritzen ist und kann zu einer echten Sucht werden und bei mir ist das im Wechsel mit Hungern der Fall. Und ich kann nicht so einfach damit aufhören, weil es wie ein Zwang ist, dem ich immer wieder ausgeliefert bin.«

Menschen, die sich selbst verletzen, stehen unter einem gewaltigen emotionalen Druck. Gefühle wie Wut, Angst, Trauer, Frustration oder Hilflosigkeit werden nicht, wie es oft bei normaler Erregung der Fall ist, gegen andere Menschen oder Gegenstände gerichtet, sondern gegen sich selbst. Die Betroffenen nehmen oft eine innere

Leere war. Sie können sich selbst nicht mehr spüren oder sie bestrafen sich durch die Selbstverletzungen selbst, um damit Druck, Spannung und Stress abzubauen. Das Zufügen von körperlichen Schmerzen überdeckt seelische Qualen und emotionale Leere und wirkt dadurch befreiend, wenn auch nur kurzfristig.

Weil Selbstverletzung eine mit einem Tabu belegte Persönlichkeitsstörung ist, spielt die Geheimhaltung eine große Rolle. Die sichtbaren Zeichen (Wunden und Narben) werden in der Regel beispielsweise durch Kleidung verborgen. Betroffene schaffen es, ihre Probleme über Jahre vor der Familie und den Freunden geheim zu halten. Gute schauspielerische Leistungen nach dem Motto: »Nach außen bin ich immer fröhlich, wenn ich alleine bin, weine ich«, helfen ihnen dabei. Dieses Verhalten verstärkt jedoch den Druck. Es darf ja niemand etwas merken. Die Betroffenen haben Angst, ihr Umfeld zu enttäuschen, Angst vor Unverständnis und Ignoranz. Andererseits kann es durch die Geheimhaltung keine Hilfsangebote von außen geben. Autoaggression ist leider noch immer ein Tabuthema in unserer scheinbar so aufgeklärten und sozialen, in Wirklichkeit aber zunehmend gefühlsarmen Gesellschaft.

(Weiterführende Literatur zu diesem Thema: s. Anhang!)

AIDS

Ebenfalls mit einem Tabu belegt, sowohl in Familien wie auch in unserer Gesellschaft, ist die Krankheit AIDS.

AIDS ist eine viral bedingte, erworbene Immunschwächekrankheit. Von AIDS (aquired immunodeficiency syndrome) spricht man nur, wenn die Krankheit ausgebrochen ist und das Vollbild der Symptome vorhanden ist. Ansonsten spricht man von HIV-Infektionen (human immunodeficiency virus).

In dem Roman *Worüber keiner spricht* von Allan Stratton[26] wird deutlich, warum Infizierte und deren Familienangehörige es vorziehen, über diese Erkrankung zu schweigen und ihr Geheimnis für sich zu behalten. In diesem Buch wird deutlich, dass Geheimnisse auch immer etwas damit zu tun haben, was eine Familie oder Gesellschaft toleriert, akzeptiert, verbietet oder verdammt.

Da es für AIDS keine Meldepflicht gibt, und die Ärzte aufgrund ihrer Schweigepflicht den Krankheitsfall nicht weitererzählen dürfen, bleibt die Entscheidung, seine Krankheit anderen mitzuteilen oder nicht, bei den Erkrankten. Die meisten entscheiden sich für die Geheimhaltung, wofür es folgende Gründe gibt:

- Schutz vor Ablehnung, Stigmatisierung und Diskriminierung,
- Angst vor Vorurteilen,
- Mitmenschen psychisch-emotionale Erschütterungen ersparen,
- Verhinderung größerer sozialer Kontrolle durch das Umfeld.

Eine HIV-infizierte Frau hat an ihrem Arbeitsplatz niemandem von ihrer Infektion erzählt. Nachdem sie krankgeschrieben wurde, sagte sie ihren Arbeitskolleginnen und -kollegen, sie habe Leukämie, eine Krankheit, die allenfalls mitleidig zur Kenntnis genommen wird, die aber weder übertriebene Ansteckungsängste weckt, noch mit einem vergleichbaren Stigma behaftet ist wie HIV. Sie hält ihre Infektion auch vor ihrer Familie, der Nachbarschaft und dem Freundeskreis geheim.

Ein weiteres Beispiel:

Linda ist ein junges Mädchen, das gerade Abitur gemacht hat. Sie geht von zu Hause fort, um zu studieren, und verliebt sich in einen Kommilitonen, mit dem sie ihren ersten sexuellen Kontakt hat. Während des zweiten Semesters erkrankt sie, wird immer schwächer und aufgrund der eigenartigen Symptome, die sich keiner Erkrankung zuordnen lassen, tappen die behandelnden Ärzte lange Zeit im Dunkeln. Erst eine Blutanalyse auf HIV bringt die Wahrheit ans Licht. Linda hat sich bei ihrem ersten Sexualkontakt mit AIDS infiziert. Nach Rücksprache mit ihrem damaligen Freund erfuhr sie darüber hinaus, dass dieser beim Sexualverkehr mit Linda wusste, dass er HIV-positiv war, ihr das aber bewusst verschwiegen hatte.

Linda konnte ihr Studium nicht mehr weiterführen. Wenn ihre Tagesform es zulässt, arbeitet sie im Geschäft ihrer Eltern mit. Obwohl in Lindas Familie alle »Bescheid wissen«, wird dieses Familiengeheimnis nach außen streng geheim gehalten, weil es sich aus Sicht der Familie um ein existenzgefährdendes Geheimnis handelt.

AIDS-infizierte Frauen müssen nicht nur mit einem gesellschaftlichen Stigma leben, sondern haben auch Angst davor, von einem neuen Sexualpartner wegen ihrer HIV-Infektion abgelehnt zu werden. Darüber hinaus halten sie ihre Infektion geheim, weil sie selbst bei Ärzten Diskriminierung befürchten.

Susanne, 34:
»Ich habe einen regelrechten ›Horror‹ vor Zahnärzten, denn ich wurde bereits von einem Zahnarzt vor den Patienten im Wartezimmer der Praxis verwiesen. Der Arzt meinte, er behandle grundsätzlich keine ›AIDS-Kranken‹, während im Hintergrund eine Arzthelferin das Wartezimmer mit Desinfektionsspray einsprühte. Seit dieser erniedrigenden Ausgrenzung gebe ich bei allen Ärzten an, Hepatitis infolge einer Leberentzündung zu haben, die die gleichen Schutzmaßnahmen vor Ansteckung erfordert, aber nicht in dem selben Maße stigmatisiert wird wie AIDS.
Bei meiner Frauenärztin erfuhr ich als schwangere HIV-Positive ein weitere Form der Diskriminierung: Die Ärztin ver-

suchte, mich mit moralischem Druck zu einer Einwilligung zur Abtreibung zu drängen.«

Es stellt sich die Frage, warum die Öffentlichkeit gerade AIDS-Kranke ausgrenzt und diskriminiert. Im öffentlichen Bewusstsein herrscht die Vorstellung, dass der HI-Virus vor allem bei ungeschütztem Geschlechtsverkehr, insbesondere Analverkehr, und mit häufig wechselnden Partnern übertragen wird, und zwar vornehmlich in Randgruppen der Gesellschaft wie Drogenabhängigen, Nichtsesshaften, Asylanten oder auch Homosexuellen. Das Urteil der Gesellschaft über einen AIDS-Kranken lautet infolgedessen: »Bist Du selbst schuld!«

Abgesehen von der Fragwürdigkeit dieses Vorurteils wird ignoriert, dass es AIDS-Kranke gibt, die sich den HI-Virus überhaupt nicht durch ein ausschweifendes Sexualleben eingefangen haben, sondern die Opfer nicht kontrollierter Blutkonserven wurden.

Margrit Lill-Debus schreibt in ihrem Buch *Gegen das Vergessen*:[27]
»Meine Söhne Michael, geb. 1954, gest. 1985, und Holger, geb. 1966, gest. 1995, hatten beide die schwere Verlaufsform der Hämophilie, im Volksmund Bluterkrankheit genannt. Beide starben an AIDS, das sie sich durch verseuchte Blutplasmakonzentrate, die wir seit 1972 nach Verordnung intravenös spritzten, erworben hatten. Heute bin ich Mitglied im Hämophilieverband, um für hinterbliebene Mütter, Väter und Ehefrauen zu kämpfen. Unsere Söhne und Männer sind stumm gestorben, weil sie keine Kraft mehr zum Schreien hatten. Wir wollen dafür sorgen, dass überall bekannt wird, wie grausam sie gelitten haben, durch die Schuld von vielen.«

Die Wut von Betroffenen und deren Familien über einen so unsinnigen Tod aufgrund von AIDS ist zu verstehen, denn inzwischen wurde bewiesen, dass die Schuld an einer epidemieartigen Infizierung Bluterkranker mit dem HI-Virus bei den Pharmakonzernen lag. Diese haben, um Kosten zu sparen, eine Prüfung der Gerinnungspräparate, der Faktor-VIII-Konzentrate, unterlassen. Grausam ist die Vorstellung, dass Bluter keine Chance hatten, der HIV-Infizierung auszuweichen! Sie wurden durch ein für sie lebensnotwendiges Medikament infiziert.

Ich glaube auch nicht, dass die Ursache der Ansteckung im Bewusstsein der Öffentlichkeit eine Rolle spielt. Die Ausgrenzung und Diskriminierung von AIDS-Kranken erfolgt wahrscheinlich lediglich aus der irrationalen Angst, sich selbst anstecken zu können. Familien müssen nach außen darauf bedacht sein, das Geheimnis einer gesellschaftlich tabuisierten Erkrankung zu bewahren, weil sonst eine ganze Familie mit Ausgrenzung zu rechnen hätte. Nur in Selbsthilfegruppen können sie über die Folgen ihrer Krankheit reden, wenn sie sich nicht in ihr Schneckenhaus verkriechen wollen. Mit Unterstützung von Gleichgesinnten teilen sie ihr Geheimnis, das Leid, die Trauer, die Wut und die Verzweiflung.

Drogensucht in der Familie

Unter Drogen versteht man Stoffe, die Menschen zu sich nehmen, um einen veränderten Bewusstseinszustand hervorzurufen. Bei manchen Drogen wird der veränderte Bewusstseinszustand als »Rausch« empfunden. Die Bewusstseinsveränderung erklärt sich durch bestimmte biochemische Prozesse im Gehirn. Durch diese kommt es zu Veränderungen in der Wahrnehmung der Umwelt und bei der Selbstwahrnehmung.

Es gibt eine Vielzahl von Drogen, die nach verschiedenen Kriterien klassifiziert werden. So unterscheidet man beispielsweise biogene Drogen, das heißt Drogen, die aus Pflanzenteilen, Pilzen oder tierischen Produkten hergestellt werden, von vollsynthetisch und halbsynthetisch hergestellten Drogen.[28]

Ich möchte hier auf drei Gruppen von Drogen, die in unserer Gesellschaft mehr oder weniger häufig konsumiert werden, besonders eingehen:

- Alkohol,
- Medikamente (beispielsweise Schmerzmittel, angstlösende Mittel, Beruhigungs-und Schlafmittel, Aufputschmittel),
- Rauschgifte (beispielsweise Ecstasy, Heroin, Kokain, LSD, Cannabis, Opiate).

Auf die Drogen Kaffee (Koffein), Tee (Koffein) und Tabak (Nikotin) werde ich nicht eingehen, da deren Konsum – selbst wenn er übermäßig ist – nicht tabuisiert wird, also auch kein *Familiengeheimnis* begründet.

Die Einnahme einer Droge kann je nach ihrem Abhängigkeitspotenzial schon nach kurzer Zeit – das gilt beispielsweise für Nikotin, Heroin und Ecstasy – zu einer Abhängigkeit, das heißt zu einer Sucht führen, diese Droge immer wieder zu konsumieren. Drogensucht liegt vor, wenn jemand nicht mehr frei in seiner Entscheidung ist, keine Kontrolle über sein Verhalten hat und zwanghaft getrieben wird, sich seine Droge zu beschaffen.

Im Folgenden schildere ich zunächst am Beispiel der Droge Alkohol die Auswirkungen des Suchtverhaltens, in diesem Fall also des Alkoholismus, auf die Familie.

Alkoholismus

Fast jeder von uns hat schon alkoholhaltige Getränke getrunken. Warum tun wir das? Sicherlich ist *ein* Grund der, dass vielen von uns beispielsweise ein Glas Wein oder ein Bier schmeckt. Aber es gibt weitere Gründe: Nach der Alkoholeinnahme fühlt man sich oft gelöster, entspannter, findet schneller Kontakt, kommt mit Missempfindungen leichter zurecht und kann Belastungen besser ertragen. Alkohol verursacht also meist einen angenehmen Zustand, der uns über Misslichkeiten des Alltages hinwegzuhelfen scheint. Das Problem des Alkoholkonsums besteht in der Gefahr, dass daraus eine Sucht werden kann. Immer mehr Menschen – darunter zunehmend Frauen – sind gefangen in einem Teufelskreis, aus dem es allein kein Entrinnen gibt: Die Versuchung führt zu Genuss, der Genuss wird zur Gewohnheit und die Gewohnheit zur Sucht.

Der Übergang zur Sucht ist fließend. Sichere Anzeichen einer Alkoholabhängigkeit bei sich selbst und bei Familienangehörigen sind Entzugserscheinungen, die sich einstellen, wenn auf Alkohol freiwillig oder gezwungenermaßen verzichtet wird: Nervosität, Spannungszustände, Schweißausbruch, Frieren, Schlaf- und Konzentrationsstörungen.

Alkohol ist ein Genussmittel, gleichzeitig aber auch eine Art Selbstmedikation – Alkohol ist legal und rezeptfrei überall erhältlich. Es gibt ihn in allen Preisklassen, sodass er für jedermann erschwinglich ist, auch für Sozialhilfeempfänger oder Bezieher einer Mindestrente.

Viele Menschen greifen zur Flasche, weil sie hier eine Möglichkeit und ein Mittel sehen, das Leben erträglicher zu machen. Sie entwickeln eine Überlebensstrategie mithilfe von Alkohol. Im Gegensatz zu Männern, die oft durch Trinken in Geselligkeit in die Sucht abgleiten, setzen alkoholabhängige Frauen Alkohol meist gezielt ein, um mit psychischen Problemen fertig zu werden. Auffallend bei Frauen mit Alkoholproblemen ist häufig der Hang zum Perfektionismus. Den eigenen Ansprüchen nicht genügen zu können, lässt diese Frauen immer tiefer in die Sucht abgleiten. Auffällig ist das Abgleiten in die Alkoholabhängigkeit in reiferen Jahren. Betroffen sind bevorzugt Hausfrauen, die über 55 Jahre alt sind, in festen Beziehungen und in einem etablierten sozialen Gefüge leben.[29]

Was man sich klarmachen muss, wenn man Alkoholismus verstehen will: »Hinter jeder Sucht steckt eine irregeleitete Sehnsucht.« So hat die Psychotherapeutin Magdalene Furch ihre Erkenntnisse in dem Buch *Wenn Sehnsucht zur Sucht*[30] wird zusammengefasst.

Suchtmittel verheißen Erfüllung: Das Wort Sucht klingt nicht von ungefähr nach »suchen«. Wer merkt, dass es ihm nach ein paar Gläsern Alkohol leichter fällt, einen fremden Menschen anzusprechen, sucht Enthemmung. Und wenn das zur Gewohnheit wird, wer also die Abkürzung des Weges, andere Menschen kennenzulernen, über den Alkohol wählt, anstatt den mühsamen Weg der Arbeit an seiner Persönlichkeit zu gehen, wird süchtig.

Aber das Suchtmittel bringt nur scheinbar Erfüllung: schon nach kurzer Zeit wird deutlich, dass man, um die gleiche Wirkung zu erzielen, jetzt wesentlich mehr von seinem Suchtmittel braucht und auch häufiger dazu greifen muss. Früher war es nur ein Glas, jetzt sind es schon vier. Was noch schlimmer ist: Durch das Suchtmittel geht auch die realistische Selbsteinschätzung verloren. Oft fällt dem Umfeld eines Alkoholikers schon viel eher auf, dass mit ihm etwas nicht stimmt, als dem Betroffenen selbst. Aber irgendwann registrieren auch die Alkoholiker selbst, dass sich in ihrem Leben alles nur noch um das Suchtmittel dreht.

Fast jeder Mensch kennt jemanden, der ein Alkoholproblem hat, und weiß um diese Problematik. Aber man spricht nicht gern darüber. Eines der größten Suchtprobleme wird »totgeschwiegen«, und das macht die Betroffenen einsam.

Die Haltung der Gesellschaft gegenüber Alkoholikern ist eindeutig: Bei der Arbeit ist Alkoholkonsum verboten, im Straßenverkehr in Deutschland nur bis zu 0,5 Promille straffrei. Damit will sich die Gesellschaft vor den negativen Folgen des Alkoholkonsums schützen, denn er vermindert die Leistungsfähigkeit und führt zu Fehlreaktionen. Man denke an die sich häufenden Fälle, in denen alkoholisierte LKW-Fahrer schwere Verkehrsunfälle verursacht haben. Wer sich erwischen lässt, muss mit Entlassung bzw. Strafen rechnen. Wer im privaten Bereich auf Dauer zu viel trinkt, gilt als charakter- oder willensschwach und unsolide. Im Allgemeinen gibt es wenig Verständnis für Alkoholkranke.

Aufgrund dieser Wertung der Gesellschaft versuchen Alkoholiker ihre Sucht vor der eigenen Familie zu verheimlichen, indem sie beispielsweise Verstecke für alkoholische Getränke im Haus anlegen. Andererseits sind die Familienangehörigen bemüht, die Sucht des Alkoholikers vor der Öffentlichkeit zu verbergen, wodurch sie zu sogenannten »Co-Abhängigen« werden. Der Alkoholmissbrauch wird zum *Familiengeheimnis*.

Bernd, 65:
»Meine Frau ist im Januar an ihrer Alkoholsucht gestorben. Es geschah ganz plötzlich und ohne jegliche Vorzeichen mit 62 Jahren. Ich habe sie morgens gefunden. Ich komme über ihren Tod einfach nicht hinweg, denn sie hat mit mir nicht über ihr Problem gesprochen. Ich habe es nicht mitbekommen, dass sie schon seit vielen Jahren alkoholabhängig war. Sie war nie ›so richtig‹ betrunken. Sie war immer eine gute

Ehefrau, Mutter und eine super Oma. Es gab allerdings immer mal wieder und auch öfter Streit, weil ich den Verdacht hatte, dass sie getrunken hat. Mit ihrer Gesundheit war es teilweise nicht zum Besten bestellt, aber durch viele Verleugnungsstrategien konnte sie mich immer geschickt täuschen. Auch das gab immer öfter Anlass zu Streit. Nach nächtelangen Internetrecherchen weiß ich mittlerweile, dass ihre ganzen gesundheitlichen Probleme vom Alkohol herrührten.
Als ich sie mal dabei ertappte, dass sie aus der Schnapsflasche einen großen Schluck nahm, hatte sie gleich eine Entschuldigung parat: ›Wegen der Verdauung ...‹ Aber meine Frau war nie so richtig besoffen. Es gab immer mal wieder Verdachtsmomente, aber nie so gravierend, dass ich Handlungsbedarf gesehen hätte. Nach ihrem Tod habe ich überall leere Wodkaflaschen gefunden. Ich mache mir große Vorwürfe. Warum habe ich nicht gesehen, wie schlecht es ihr ging?«

Schlimm ist es, wenn ein Mann von seiner Frau sagen muss: »Meine Frau ist Alkoholikerin.« Dieser Satz hat etwas Brutales. Eheleute, die mit einem Trinker verbunden sind, tragen eine schwere Hypothek und versuchen, »das Problem« nach außen zu vertuschen. Alkoholismus oder Alkoholmissbrauch ist eine außergewöhnliche Belastung für eine Beziehung, weil Alkohol ein schleichendes Gift ist, das nicht nur die Leber des Trinkers zerstört, sondern auch dessen Persönlichkeit.

Während trinkende Männer noch gesellschaftlich akzeptiert werden – zur Männlichkeit gehört auch, dass der Mann einen ordentlichen Schluck verträgt –, gilt die trinkende Frau in unserer Gesellschaft als inakzeptabel. Deshalb spielt sich die Sucht der Frauen meist im Verborgenen ab. Die typische Trinkerin trinkt heimlich zu Hause und alleine. Alkoholikerinnen werden häufig von ihren Partnern verlassen. Viel eher halten Frauen zu ihren trinkenden Männern und bemühen sich um Problemlösungen, die es durchaus gibt: Erkennt und gesteht sich der Alkoholsüchtige ein, dass er *tatsächlich* alkoholkrank ist, wird er möglicherweise zu überzeugen sein, sich einem klinischen Entzug zu unterziehen. An diesen schließt sich eine Langzeittherapie an, die durch Selbsthilfegruppen wie die *Anonymen Alkoholiker* unterstützt werden sollte. Ziel ist es, dass der Alkoholkranke erkennt, dass es viele Gründe gibt, um sich gut und liebenswert zu fühlen und dass er sich seines eigenen Wertes wieder bewusst wird.

Besonders schlimm ist es für *Kinder* alkoholabhängiger Eltern. Diese Kinder sind einer Vielzahl von massiven Belastungen ausgesetzt. Sie haben nicht nur selten die Chance auf eine unbeschwerte Kindheit, bei ihnen besteht auch ein erhöhtes Risiko, später als Erwachsene selbst alkoholabhängig zu werden.[31]

Die parlamentarische Staatssekretärin und Drogenbeauftragte der Bundesregierung Marion Caspers-Merk erklärte in einem Interview:[32]

»Suchtkranke Eltern sind immer noch ein Tabu in unserer Gesellschaft. Die Eltern sprechen aus Scham nicht über ihre Suchterkrankung. Die Kinder kennen es nicht anders und wissen nicht, an wen sie sich wenden können. Gleichzeitig wollen sie ihre Eltern schützen, fühlen sich verantwortlich und leiden am meisten unter der familiären Situation. Nachbarn, Lehrer und andere Angehörige scheuen sich, das Problem aus falsch verstandener Rücksichtnahme auf die Privatsphäre anzusprechen. Dieses Schweigen über Suchterkrankungen muss gebrochen werden. Ich hoffe, dass die Dokumentation[33] unserer Tagung dazu beiträgt, mehr Verständnis für diese Kinder und Familien zu wecken. Vor allem muss erkannt werden, dass die Hilfestrukturen in Deutsch-

land besser vernetzt werden müssen, um die betroffenen Kinder zu unterstützen.«

Dass Kinder, die von klein auf bei einem alkoholsüchtigen Elternteil aufwachsen, Selbstwertprobleme bekommen, ist einleuchtend. Dass das weitreichende Folgen für das spätere Leben hat, zeigt das folgende Beispiel:

Friederike, 27:
»Meine Mutter kenne ich nur als Alkoholikerin. Dadurch hatte ich es schon als Kind schwer, Anschluss zu finden. In dem Dorf, in dem ich aufgewachsen bin, wollte man nicht, dass man mit mir spielt, weil meine Mutter als Alkoholikerin verrufen war. Trotzdem habe ich nie meine offene, sehr sensible Art verloren und bin immer wieder auf Menschen zugegangen und konnte das auch bis vor Kurzem. Inzwischen habe ich erkannt, dass sich bei mir eine Sucht nach Anerkennung ausgebildet hat, die mich von anderen abhängig macht. Ich wollte unbedingt von anderen respektiert werden. Später merkte ich, dass ich von Männern abhängig war und mich ihnen gegenüber unterwürfig verhielt, weil ich mich nach Sicherheit und Geborgenheit sehnte. Ich habe einen unglaublichen Perfektionismus entwickelt, weil ich glaubte, über Leistung Anerkennung zu bekommen. Der Perfektionismus hat mir aber kein gutes Gefühl verschafft. Oft fühle ich mich sehr einsam, unverstanden und ich habe riesige Verlustängste. Ich glaube, dass meine Probleme darin liegen, dass ich mich selbst verloren habe und deshalb Einsamkeit verspüre. Ich kann nichts mit mir selbst anfangen. Ich habe zwar gute Freunde, die mir helfen wollen, aber ich kann niemanden an mich heranlassen, und gleichzeitig habe ich unendliche Angst, verlassen zu werden. Manchmal den-

ke ich, dass die Einsamkeit mir in meinem bisherigen Leben geholfen hat zu überleben. Immer, wenn meine Mutter sich wieder bewusstlos gesoffen hatte, fühlte ich mich allein, im Stich gelassen, und da ich mich für meine Mutter schämte, konnte ich mit niemandem darüber reden.«

Wie diese Beispiele zeigen, kann man zusammenfassend feststellen, dass der Alkoholabhängige einerseits versucht, seine Sucht vor der Familie zu verheimlichen, und dass andererseits die Familienangehörigen bemüht sind, dessen Abhängigkeit vor der Umwelt geheim zu halten.

Medikamentenabhängigkeit

Die Gesellschaft nimmt Suchtkranke vor allem im Zusammenhang mit Alkohol und sogenannten Rauschgiften wahr. Die Medikamentenabhängigkeit aber gehört zu der am schwersten durchschaubaren und konkret erfassbaren Suchtform. Medikamentenabhängigkeit ist *die* Suchterkrankung nach der Alkoholabhängigkeit. Während Männer eher zum Alkohol greifen, dominiert bei Frauen, die im Alltag »funktionieren« wollen, stärker die Medikamentenabhängigkeit. Ebenso wie Alkoholismus führt Tablettenabhängigkeit zu einem psychischen und physischen Verfall.

Für den Medikamentenabhängigen ist es noch schwerer als für den Alkoholabhängigen, sich als abhängig wahrzunehmen und anzunehmen, denn es sind legale, oft sogar verschriebene Medikamente, die eigentlich dazu bestimmt sind, Krankheiten zu heilen und zu lindern.

Für die meisten Menschen, vor allem Frauen, ist die Einnahme von Medikamenten ein Mittel, um Belastungen und Anforderungen zu bewältigen und Schmerzen, Angst und Depression oder Einsamkeit zu unterdrücken. Frauen greifen dann zu der beruhigenden Pille vor der Arbeit, um Unruhe und Ängste zu beseitigen, oder zum Einschlafen, bevor sie zu Bett gehen. Medikamente erleichtern es ihnen, die Fassade zu wahren, auch wenn sie innerlich ausgebrannt und erschöpft sind.

Dass Frauen eher zu einem Medikament greifen als zur Flasche, hat damit zu tun, dass Medikamente einfach auf Rezept beschafft werden können und innerhalb der Familie und nach außen unauffällig sind. Ein Medikamentenmissbrauch kann mit sehr vielen, zum Teil sogar rezeptfreien Medikamenten betrieben werden (beispielsweise codeinhaltiger Hustensaft oder Appetitzügler).

Ein Missbrauch liegt vor, wenn die Dosierung über die ärztliche Anweisung hinausgeht. Folgende Mittel werden von Frauen sehr häufig verwendet: Schlafmittel (beispielsweise Rohypnol, Dalmadorm, Halcion), Beruhigungsmittel, sogenannte »Tranquilizer« (beispielsweise Valium oder Diazepam), Schmerzmittel (beispielsweise Dolviran, Dolantin) und Psychopharmaka (beispielsweise Limbatril).

Angi, 42:
»Ich bin medikamentenabhängig, abhängig von Schlaf- und Beruhigungsmitteln. Auch bei mir begann es, wie bei den meisten Frauen, mit einem Arztbesuch. Die Einnahme von Medikamenten erfolgte wegen meiner inneren Unruhe, Schlafstörungen und dem Gefühl, den täglichen Anforderungen nicht gewachsen zu sein. Zuerst verordnete mir mein Hausarzt, später der Neurologe, Medikamente, die ich ohne Bedenken, ohne Nachfrage, ob es Medikamente mit Suchtpotenzial sind, einnahm. Ich war der Meinung, dass Ärzte nichts verschreiben, was ihren Patienten schaden könnte.

Nach Monaten der Einnahme dieser verordneten Medikamente war ich unfähig, damit aufzuhören. Ich musste immer größere Dosen einnehmen, denn die Medikamente zeigten kaum noch Wirkung. Es kam Panik bei mir auf, wenn ein Medikament ausging, darum legte ich mir in der Wohnung einen Vorrat an, versteckt, damit keiner meine gehorteten Medikamente finden oder gar vernichten konnte. Meine Arztbesuche legte ich strategisch an. Da ich Privatpatientin war, konnte ich mir von verschiedenen Ärzten meine Medikamente besorgen, ohne dass einem der Ärzte etwas auffiel. So kam ich an die doppelte und dreifache Menge der mir verschriebenen Arzneimittel.

Mit der Zeit merkten andere an mir Veränderungen. Irgendwann wurde ich, obwohl ich glaubte, dass meine Fassade perfekt sei, von meiner Freundin darauf angesprochen, ob mit mir etwas nicht stimme – sie meinte, ich sei irgendwie anders als früher. Irgendwann kam auch der Punkt, an dem ich mir selbst eingestehen musste, dass der jahrelange Medikamentengebrauch mich körperlich und seelisch in eine desolate Verfassung gebracht hatte.

Ich entschied mich für einen klinischen Entzug, eine Entgiftung. Danach absolvierte ich eine Langzeittherapie in einer Suchtklinik, die sechs Monate dauerte.«

Wie das Beispiel zeigt, ist es möglich, dass im Gegensatz zu Alkoholabhängigen Medikamentenabhängige ihre Sucht unbemerkt über Jahre ausleben können. Die meisten Familienmitglieder bemerken nicht, dass mit ihren Angehörigen etwas nicht stimmt. Darüber hinaus schöpfen sie auch keinen Verdacht, weil die Medikamente, die eingenommen werden, legal sind, vom Arzt verschrieben und vom Apotheker übergeben wurden.

Für Medikamentenabhängige ist es fast unmöglich, sich ihrer Familie zu offenbaren. Der Familie gegenüber einzugestehen, dass sie ein Problem haben, wäre das Eingeständnis einer Schwäche, und die gestehen sich vor allem Frauen nicht gerne ein, vor allem dann nicht, wenn sie bisher perfekt wie ein Uhrwerk funktioniert haben. So bleibt das Leiden oft über Jahre ein streng gehütetes Geheimnis.

Deshalb ist es für sie auch noch schwieriger, ihre Sucht einzusehen, sich dazu zu bekennen und Hilfe in Anspruch zu nehmen. Für die meisten Menschen kommt es einer totalen Kapitulation gleich, sich professionelle Hilfe zu holen, denn dazu gehört, sich zu offenbaren, was man jahrelang bewusst vermieden hat.

Die Abhängigkeit von Rauschgiften

Drogenabhängige Kinder

Für Eltern ist es eine Horrorvision, sich vorzustellen, dass ihre junge Tochter auf dem Schulhof oder in der Disco von anderen verführt wird, einmal eine Droge zu probieren. Anders als bei alkoholischen Getränken genügen bei bestimmten Drogen wie Heroin und Ecstasy minimale Mengen, um eine Abhängigkeit zu begründen. Das Taschengeld wandert dann nur noch in eine Tasche: die des Dealers.

Eine besondere Gefährdung, in die Drogensucht abzurutschen, besteht während der labilen Phase der Pubertät, in der man experimentiert und alles ausprobieren will. Wenn junge Menschen gerade in dieser Zeit den falschen Umgang haben, besteht für sie die Gefahr, in die Drogensucht abzugleiten.

Die Familienangehörigen eines drogenabhängigen Kindes erleben das Thema *Sucht* wie einen Albtraum, in der Hoffnung, irgendwann einmal aufzuwachen. Sie kämpfen gegen die Behörden für eine bessere Behandlung ihres suchtkranken Kindes. Sie erleben, wie sich ihr Kind immer weiter von ihnen entfernt und immer mehr auf einen Abgrund zubewegt, ohne dass sie das verhindern könnten. Eltern empfinden dann nur noch Ohnmacht. Nach außen und innerhalb der erweiterten Familie wird das Problem aus Scham meist totgeschwiegen. Eltern drogenabhängiger Kinder kontaktieren Drogenberatungsstellen, um dann zu erfahren, dass ihnen ohne Kooperation des betroffenen Kindes nicht zu helfen ist. Eltern sammeln ihre suchtkranken Kinder von der Straße auf, wenn es gar nicht mehr anders geht. Alle Eltern haben sich für ihre Kinder ein anderes Leben gewünscht, leben zwischen Hoffen und Bangen und erfahren jede Menge Enttäuschungen und Rückschläge. Sie erkennen ihre Kinder kaum wieder, die sie belügen und bestehlen, um ihre Sucht zu finanzieren. Nicht selten rutschen diese in die Kriminalität ab.

Es gibt viele verzweifelte Eltern drogenabhängiger Kinder. Für sie bricht eine Welt zusammen, wenn sie erfahren, dass ihre Kinder süchtig sind. Die meisten von ihnen quälen sich mit Selbstvorwürfen über das, was sie vielleicht verkehrt gemacht haben.

Erfahrungsbericht einer Mutter:
»Bei mir sind die Jahre mit Jans Drogensucht auch nicht spurlos vorübergegangen. Ich wurde krank. Ich habe das jedoch nie mit einer psychosomatischen Störung in Verbindung gebracht. Ich half mir mit Salben und Pillen selbst. Zum Arzt zu gehen hatte ich keine Zeit, es war mir auch unwichtig. Ich war viel zu sehr damit beschäftigt, Jan zu helfen. Ich merkte nicht, dass auch meine anderen Kinder unter dieser Situation litten und merkte auch nicht, wie mein Mann litt.

Eines Tages ging ich wegen irgendeiner Beschwerde zum Arzt. Wir sprachen über die Situation zu Hause. Von diesem Arzt erfuhr ich, dass ich co-abhängig sei. Ich konnte damals nichts damit anfangen. Im Internet informierte ich mich und mir wurde dabei immer klarer, dass nicht nur ich co-abhängig bin, sondern unsere ganze Familie. Mir wurde klar, dass wir Jan durch unsere Hilfe immer mehr geschadet haben. Wir haben den Papierkram für ihn übernommen, ihm immer wieder aus unangenehmen Situationen geholfen, ohne dass er sich selbst dafür anstrengen musste. Seine Geschwister haben für ihn gelogen, um Konflikte zu vermeiden. Mein Mann hat Jan nachts von irgendwo abgeholt, oder wenn er mal einen Job hatte, ihn dort hingefahren, damit er bloß seinen Job behält. Arbeitsstellen hat Jan nie lange halten können. Natürlich haben wir ihm immer wieder mit Geld ausgeholfen, aus Angst, dass er kriminell werden könnte. Leider war es die falsche Hilfe.«

Dass auch Geschwister unter dieser Situation leiden, die sie nach außen geheim halten müssen, wird meistens ganz vergessen.

Julia, 42:
»Mein Mann und ich haben immer versucht, offen mit meinen beiden jüngeren Söhnen darüber zu reden. Sie bekamen die Veränderung ihres großen Bruders ja genauso mit wie wir auch. Als Hendrik ins Krankenhaus kam, fiel beispielsweise unser Mittlerer drastisch in der Schule ab. Er konnte es aber wieder auffangen. Am schlimmsten war für mich, dass unser Jüngster in der Schule immer aggressiver wurde. Irgendwann rief seine Lehrerin an und erzählte uns, dass er einen Weinkrampf in der Schule bekommen und ihr daraufhin sein Herz ausgeschüttet hatte.

Wir haben Hendriks Sucht und Krankheit so sehr in den Mittelpunkt unseres Lebens gestellt und dabei nicht gemerkt, wie sehr die jüngeren Geschwister leiden.
Ich fing an zu vertuschen, wollte nach außen immer das Bild der heilen Familie aufrechterhalten. Ich hatte einfach Angst vor verständnislosen Reaktionen der Nachbarn und Bekannten. Irgendwann habe ich gemerkt, dass das über meine Kräfte geht. Ich habe mit den Lehrern meiner beiden jüngeren Söhne darüber gesprochen und gemerkt, wie entlastend es sein kann, sich in seiner Not jemandem anvertrauen zu können. Ich habe gemerkt, wie sehr wir Hilfe brauchen. Man bekommt wirklich mehr Verständnis entgegengebracht, als man erwartet.«

Die Autorin Elke Sauer schildert in ihrem Buch *Ist das mein Kind?*[34] das Aufwachsen ihres Sohnes Michael, der ein Wunschkind war, geliebt und umsorgt war und trotzdem auf die schiefe Bahn des Drogenmissbrauchs geriet. Sie beweist Mut, mit diesem Tabuthema an die Öffentlichkeit zu gehen.

Drogenabhängige Eltern

Wenn Eltern drogensüchtig sind, hat das für deren Kinder fatale Folgen, denn die innerfamiliäre Dynamik ist in solchen Familien durch Unberechenbarkeit, Instabilität, Disharmonie und Gewalt geprägt. Alles dreht sich um den Elternteil, der süchtig ist, was von allen Familienmitgliedern nach außen gedeckt und hartnäckig geleugnet wird. Dieses Verhalten bringt alle Beteiligten in eine Isolation. Sie kapseln sich ab, weil niemand etwas von dem Problem mitbekommen darf. Kinder müssen von klein auf vorsichtig und misstrauisch anderen gegenüber sein, denn das Bekanntwerden des Familiengeheimnisses könnte dazu führen, dass sie aus den Familien genommen und in Heimen oder Pflegefamilien untergebracht werden, was den Zerfall der Familie bedeuten würde. In jedem Fall leiden Kinder drogenabhängiger Eltern latent unter Verlustängsten.

Kinder drogenabhängiger Eltern haben einen schwierigen Start ins Leben. Sie leben oft zurückgezogen, die Freunde können nicht mit zu ihnen nach Hause kommen. Sie schämen sich wegen der Sucht der Eltern und denken, dass sie schuld sind.

Sie haben Angst um die Familie, versuchen die Eltern zu schützen, und sie haben oft Probleme in der Schule, weil sie durch das Drogenproblem ihrer Eltern belastet sind und sich nicht konzentrieren können.

Am stärksten belasten Kinder aber die Geheimnisse um die Sucht.[35] Es ist für sie eine ständige Überforderung, mit niemandem außerhalb der Familie über die familiären Probleme sprechen zu können, und so bleiben betroffene Kinder mit ihren belastenden Gefühlen allein. In diesem System der Geheimhaltung lernen sie fatale Strategien:

- Rede nicht!
- Traue niemandem!
- Fühle nicht!

Für Kinder in Suchtfamilien wird die Übernahme einer Rolle fester Bestandteil der Persönlichkeit. Auf diese Weise passen sich die Kinder dem familiären Dauerstress an. An die Rollenträger sind bestimmte, häufig unausgesprochene Erwartungen und Forderungen geknüpft, die der Suchtkranke nicht mehr selbst erfüllen kann. Betroffene Kinder werden in Rollen gedrängt, die Unehrlichkeit (Verleugnen, Vertuschen), Perfektionismus und Kontrollverhalten zur Folge haben. Sie verleugnen und vertuschen die Probleme in der Familie und versuchen mit allen ihnen zur Verfügung stehenden Mitteln, nach außen hin alles als »ganz normal« erscheinen zu lassen. Nach Sharon Wegscheider und Claudia Black übernehmen die Kinder suchtkranker Eltern vier verschiedene Rollen:[36]

- der Familienheld oder die Verantwortungsbewusste,
- das schwarze Schaf, der Sündenbock,
- das stille, fügsame Kind oder der Träumer und
- der Clown oder das Maskottchen.

Die Rolle des *Helden* übernimmt meistens das älteste Kind. Es vertritt die Eltern, die ihre Rolle nicht mehr wahrnehmen können. Mädchen fallen in dieser Rolle häufig gar nicht auf, da sie mit einem solchen Verhalten den Erwartungen der Gesellschaft entsprechen. Sie werden für ihren heldenhaften Einsatz von ihrer Umwelt gelobt. Die kleinen Helden arbeiten hart, um Anerkennung zu erhalten. Sie meinen, alles perfekt machen zu müssen, und haben Schuldgefühle, wenn sie diesen Anspruch nicht erfüllen können. Sie haben gelernt, sich nur auf sich selbst verlassen zu können und immer nach außen zu signalisieren: Es ist alles in Ordnung.

Das *schwarze Schaf* fällt durch unangemessenes Verhalten auf. Auch wenn es dadurch eine zusätzliche Belastung für die Familie schafft, gelingt es ihm, Aufmerksamkeit zu erlangen und dadurch vom eigentlichen Problem abzulenken. Es leistet somit einen wichtigen Beitrag, um das Gleichgewicht innerhalb der Familie zu erhalten.

Aber auch *stille Kinder* können Symptomträger sein. Sie sind pflegeleicht, problemlos und werden gerade für dieses Verhalten gelobt. Diese Kinder haben häufig Selbstwertprobleme und fühlen sich minderwertig. Sie leiden häufig unter Allergien, viele von ihnen sind auch Bettnässer. Obwohl sie durch Krankheit Aufmerksamkeit bekommen, haben solche Kinder besondere Schwierigkeiten, soziale Beziehungen einzugehen, weil sie nur sozialen Rückzug und Isolation gelernt haben.

Manche Kinder spielen die Rolle des *Clowns*. Sie tun dies, um von der problembehafteten Stimmung abzulenken. Sie spüren, dass in der Familie etwas nicht stimmt, obwohl die anderen Familienmitglieder signalisieren, dass alles in Ordnung ist. Sie lernen, dass Ängste auf keinen Fall gezeigt werden dürfen. Als »Spaßmacher vom Dienst« werden sie häufig von niemandem richtig ernst genommen und haben häufig auch keine Freunde.

Ohne fremde Hilfe können die Kinder ihre Rolle, auch später als Erwachsene, oft nicht mehr ablegen. Sie sind im Prinzip genauso abhängig von ihrer Rolle wie der Suchtkranke von seinem Suchtmittel.

Die hilfreiche Broschüre *Kindern von Suchtkranken Halt geben*[37] informiert über Zahlen, Fakten und Auswirkungen des Suchtverhaltens der Eltern auf Kinder und gibt Hinweise auf Unterstützungsmöglichkeiten.

Die Broschüre wurde erstellt im Rahmen eines Projektes, das vom Bundesverband der Freundeskreise für Suchtkrankenhilfe Kassel und dem Bundesverband der Betriebskrankenkassen Essen durchgeführt wurde. Die Sucht eines Familienmitglieds ist für viele Familienangehörige schlimm, weil sie sich stigmatisiert und mit ihren Problemen allein gelassen fühlen. Doch im Zuge moderner Therapien gibt es auch für die Angehörigen von Süchtigen Hilfe und Beratung. Diese wird in manchen Städten von Gemeinden oder Vereinen zur Suchtprävention angeboten. In Selbsthilfegruppen, aber auch Einzelgesprächen lernen die Familienangehörigen, mit der Sucht ihres Familienmitgliedes umzugehen.

Für alle, die sich mit dem Thema Drogensucht näher befassen wollen, empfehle ich das Buch von Jörg Böckem *Lass mich die Nacht überleben* (s. Anhang!). Darin berichtet er über seine eigene Drogenvergangenheit und seinen Weg aus dieser heraus. Wer familiär von der Problematik der Dogensucht betroffen ist, erhält bei jedem Gesundheitsamt Informationen und Adressen. Inzwischen gibt es auch in fast jeder größeren Stadt Selbsthilfegruppen von »cleanen« Betroffenen der Suchterkrankung.

Gewalt in der Familie

Gewalt ist etwas, das in allen Gesellschaftsschichten vorkommt, über das man aber nicht spricht, weil nicht sein kann, was nicht sein darf. Das Thema Gewalt in der Familie ist daher mit einem Tabu belegt.

Gewalt kann bestehen in physischer Gewaltanwendung, aber auch in psychischem Druck, das heißt in Manipulation, Erpressung, verbaler Gewalt, Unterdrückung. Gewalt in der Familie richtet sich immer gegen den Schwächsten: das kann ein Kind sein, eine Ehefrau oder alte pflegebedürftige Angehörige.

Gewalt gegen Kinder

Aus meiner langjährigen Lehrertätigkeit weiß ich, dass viele Kinder bei Leistungsversagen Angst vor Prügel oder anderen Züchtigungsstrafen haben. Hochsaison ist immer die Zeugnisausgabe im Frühjahr und im Sommer zum Schuljahresende. Daran hat sich in all den Jahrzehnten nicht viel geändert, denn in allen Zeitungen stehen zu diesen Zeiten Telefonnummern für Krisentelefone.

Auch heute reagieren Eltern unbewusst das ab, was sie selbst als Kinder erfahren haben und wodurch sie geprägt wurden.

Wer immer noch glaubt, etwas in oder aus einem Kind *schlagen* zu können, musste eigentlich erkennen, dass er das Opfer seiner selbst ist und von der Opferrolle von einst in die Täterrolle von heute geraten ist. Die Spirale der Gewalt dreht sich weiter und vererbt sich von Generation zu Generation. Obwohl alle Eltern mit dem Brustton der Überzeugung sagen: »Mein Kind soll es besser haben, als ich es hatte«, zeigt die Realität leider, dass gerade diese Eltern unter Stress oder Überforderung unbewusst genau so reagieren, wie schon ihre Eltern reagiert haben – sie haben dieses Verhalten unbewusst übernommen. Viele gewalttätige Väter wurden in ihrer Kindheit selbst misshandelt oder erlebten mit, wie ihre Mütter von ihren Vätern geschlagen wurden. Für sie ist Gewalt in der Familie eine normale Erfahrung und deshalb folgen sie unreflektiert dem Beispiel ihrer Eltern.

Verharmlost wird auch noch immer die »gesunde Ohrfeige, die noch niemandem geschadet habe«. Tatsächlich ist es so, dass die Grenzen der Gewalt fließend sind. Wer Ohrfeigen befürwortet, ist nicht weit weg davon, auch härtere Formen der Gewalt gutzuheißen.

Die erste Ohrfeige von einem Elternteil ist für ein Kind ein traumatisches Erlebnis. Es wird ins Unterbewusstsein verdrängt. Kommt dieses Kind später als Jugendlicher oder Erwachsener in eine Situation, über die er keine Kontrolle hat, besteht die Gefahr, dass sich das im Unterbewusstsein abgespeicherte Reaktionsschema durchsetzt, das heißt, dass nun er, der Erwachsene, die Ohrfeigen austeilt.

Die gröbste Form von Gewalt gegen Kinder ist die Kindesmisshandlung. Dabei gibt es verschiedene Formen: Die körperliche Misshandlung oder »Züchtigung« und die seelische Misshandlung durch Ignorieren des Kindes oder durch seelische Grausamkeiten aller Art, wozu am Ende auch Ausgrenzung zählt.

Oft werden Kinder misshandelt, wenn Eltern in psychisch belastende Stresssituationen geraten. Solcher Stress kann durch Familienkrisen, Ehekonflikte, berufliche Misserfolge oder wirtschaftliche Not und Arbeitslosigkeit ausgelöst werden. Diese Eltern, die sich in einer derartigen Extremsituation unter Druck gesetzt fühlen, geben diesen dann unbewusst an ihre Kinder weiter: Sie sind die Wehrlosesten in der Kette. Kindesmisshandlung ist oft auch eine Folge von Überforderung der Eltern, insbesondere bei beengten Wohnverhältnissen. Aber auch religiöse und ideologische Überzeugungen können zur körperlichen Züchtigung führen, wie folgendes Beispiel zeigt:

Andreas, 39:
»Ich wurde als Kind von meiner Mutter schwer misshandelt. Ich bin katholisch getauft und im Sinne der katholischen Kirche erzogen, bis meine Mutter zu einer Sekte – den Namen möchte ich nicht nennen – konvertierte.
Meine Mutter erzog uns Kinder unter anderem mit Schlägen, die so heftig waren, dass ich und wir, meine Geschwister, bluteten und der Körper Muster davontrug, die von der Form des Gegenstands, mit dem wir geschlagen wurden, herrührten. Mein Vater kümmerte sich nicht um unsere Erziehung und griff auch nicht ein, wenn geschlagen wurden. Irgendwann traten wir Kinder und mein Vater ebenfalls aus der katholischen Kirche aus und wurden Mitglieder dieser Sekte. Die Schläge gingen weiter. Wir wurden mit Ruten, Teppichklopfer, Hundepeitsche und Küchengeräten geschlagen. Wir wussten vor Schmerzen nicht mehr, wie wir sitzen oder liegen sollten.
Ich habe schon mehrere Selbstmordversuche hinter mir, meinen ersten hatte ich mit sechs Jahren. Meine zwei älteren Geschwister hielten es aufgrund dieser Misshandlungen

nicht mehr aus und hauten von zu Hause ab. Sie wurden von allen Stellen gesucht und es hieß: ›Diese undankbaren Kinder‹. Aber weil wir nach außen schwiegen, wusste niemand, was sich bei uns zu Hause abspielte. Keiner wusste, was meine Mutter an uns verbrach. Wir konnten nicht reden, denn wir mussten gehorsam sein, Respekt den Eltern und der Bibel zollen und Zucht als Liebe sehen.

Durch meine massive und schmerzvolle Erziehung habe ich heute Angst davor, mich von Erwachsenen berühren zu lassen, Zärtlichkeiten und Liebkosungen von Erwachsenen verabscheue ich. Ich habe durch diese verkorkste und gewalttätige Erziehung psychisch und physisch einen enormen Knacks erlitten. Auch die Organisation dieser Sekte müsste eigentlich angeklagt und verurteilt werden, wenn sie solch schändliche Dinge verheimlicht, verschweigt und duldet.«

Seit Monaten tauchen in den Medien immer neue Berichte und Bilder misshandelter Kinder auf. Sie sind grün und blau geprügelt worden, ihre kleinen Körper weisen Dutzende Knochenbrüche auf, sie wurden mit glühenden Zigaretten gequält oder sogar mit Bügeleisen verbrannt. Es sind Geschichten von Kindern, die auf Holzscheiten oder Eisenrohren knien mussten, von Kindern, die von ihren Eltern erschlagen, erstickt oder aus dem Fenster geworfen wurden.

Fast immer handelt es sich bei den Tätern um persönlichkeitsgestörte Menschen, die in ihrer Kindheit selbst Vernachlässigung oder Gewalt erfahren haben und die isoliert in bestimmten Milieus – sogenannten Randgruppen der Gesellschaft – leben. Meist leben vernachlässigte oder misshandelte Kinder in schwierigen Verhältnissen.

Psychologen sind überzeugt davon, dass die meisten Eltern ihre Kinder schlagen, weil sie sadistisch veranlagt oder überfordert sind, wobei letzteres Motiv eindeutig überwiege.[38] Sadistische Gewaltanwendung ist nach Meinung von Experten überwiegend ein männliches Phänomen. Frauen schlagen wohl eher aus einem Ohnmachtsgefühl heraus zu. Väter rechtfertigten körperliche Züchtigung mit der Verantwortung für ihre Kinder, nach dem biblischen Motto: »Wer seinen Sohn liebt, der züchtigt ihn.« Oft bekommt die Polizei haarsträubende Rechtfertigungen gewalttätiger Eltern vorgesetzt.

Viele Erwachsene kommen aber auch mit ihren eigenen psychischen Problemen nicht klar, kämpfen mit Drogensucht, Alkoholismus, chronischem Geldmangel und Depressionen und reagieren die eigene Verzweiflung an den Kindern ab. Darüber hinaus wissen immer weniger Eltern, welche Bedürfnisse ihre Kinder haben. Häufig sehen sie in kindlichem Verhalten einen boshaften Angriff, der sie ärgert. Die Wut steigert sich und entlädt sich dann in Gewalt.

Gemeinsam ist allen Fällen, dass die Misshandlungen nach außen hin geheim gehalten werden.

Skrupel und Hemmschwelle, Gewalttaten zu begehen, sinken mit jeder Tat weiter ab. Gewalttäter sind keine Monster, sie leben mitten unter uns, in der Nachbarschaft, unerkannt, unauffällig und bieder. Ihre Verbrechen aber und das unvorstellbare Maß der Gewalt, von der wir manchmal durch Reportagen oder Dokumentationen von Verbrecherkarrieren erfahren, erschüttern die Gesellschaft.

Die fatale Folge von Gewalt gegen Kinder ist, dass diese neue Gewalt erzeugt. Kinder lernen vom Vorbild ihrer Eltern sehr früh, dass Gewalt dazu verhilft, Interessen und Ziele durchzusetzen. Es ist erschreckend, was Erzieherinnen im Kindergarten und Grundschullehrerinnen registrieren, wie viel Gewaltszenen bereits Kindergartenkinder täglich bewusst oder unbewusst aufnehmen. Zum Teil spulen Kinder das Gesehene oder Erlebte in Rollenspielen ab und geben das Erlernte in Form verbaler oder körperlicher Gewalt weiter. Sie ahmen das nach, was sie gesehen oder selbst erfahren haben. Durch tägliche Wiederholung lernen diese Kinder, dass derjenige der Stärkere ist, der sich rücksichtslos nimmt, was er will. Die Möglichkeit, Konflikte gewaltfrei auszutragen, lernen sie nicht kennen. Abgesehen davon wird die Hemmschwelle für Gewalt durch tägliche Wiederholung von Gewaltszenen auf Videos, in Filmen und in Computerspielen herabgesetzt.

Gewalt in der Schule ist heutzutage ein ganz bedeutsames Thema, vor allem in Hauptschulen in sozialen Brennpunkten. Lehrer werden tagtäglich damit konfrontiert, und sie werden auch für alle gesellschaftlichen Sünden, insbesondere für die Erziehungsfehler der Eltern, verantwortlich gemacht. Da kann es kaum verwundern, dass sie sich alleingelassen und überfordert fühlen.

Vorbeugen kann man einer Gewaltkarriere durch regelmäßige *Antigewaltseminare*. Polizisten warnen darin die Schüler vor Verharmlosung von Verbrechen, denn sogenanntes »Abziehen« ist Raub. Rollenspiele mit Schülern sollen ihnen verdeutlichen, wie man sich als Opfer fühlt, denn meist denken sie über diese Seite gar nicht nach beziehungsweise will man über solche Rollenspiele erreichen, dass sie nicht nur darüber nachdenken, wie sich das Opfer fühlt, sondern auch weitergehend ihnen auf diesem Wege bewusst machen, wie die anderen sie als Täter sehen – und schließlich möchte man ihnen alternative Handlungsweisen vermitteln, die sie dann auch für sich akzeptieren und adaptieren können. Jugendlichen muss auch bewusst gemacht werden, dass Bedrohung, körperliche Gewaltanwendung oder Raub Straftaten sind.

Gewalt gegen Ehefrauen

Körperliche Gewalt

Jedes Jahr flüchten in Deutschland Tausende Frauen in eines der 400 Frauenhäuser. Jede dritte Frau erfährt in ihrer Partnerschaft körperliche Gewalt, jede siebte sexuelle Nötigung.[39] Das sind nur Schätzungen, denn die Dunkelziffer ist gerade im Bereich »Gewalt« extrem hoch. Tatsache ist: Gewalt hinter verschlossenen Türen ist für viele Frauen Alltag, unabhängig von Alter, Bildung und Herkunft.

Gewalt in der Ehe (einschließlich der Vergewaltigung des Partners) kommt in allen Gesellschaftsschichten vor. Frauen sind eher in Einzelfällen gewalttätig und meist dann, wenn dieses Verhalten der Selbstverteidigung dient. Wie hoch ihre Zahl ist, weiß niemand, denn betroffene Männer schweigen aus Scham.

Häusliche Gewalt spielt sich ohne Zeugen im Verborgenen ab. Häufig werden Frauen von dem eigenen Partner geschlagen, bedroht oder vergewaltigt und können oder wollen sich niemandem mitteilen. Gewalt gegen Frauen hat viele Gesichter und ist allgegenwärtig. Gewalt ist alles, was für Frauen beängstigend und bedrohlich ist, und die Bandbreite männlicher Aggressionen ist beachtlich. Hinzu kommt eine Vielzahl individueller Unterdrückungsmechanismen. Körperliche Gewalt ist nur die erkennbare Spitze des Eisberges. Es gibt Abstufungen, die von verbalen Verletzungen über Handgreiflichkeiten bis zu Prügel reichen. In jedem Fall liegen ein Kontrollverlust und ein falsches Konfliktlösungsverhalten vor, wenn solche Übergriffe regelmäßig werden.

Meist beginnt Gewalt im Kleinen: Da mal eine Ohrfeige, dort mal eine Beleidigung. Mit der Zeit häufen sich oft die gewalttätigen Vorfälle und verschiedene Formen treten zusammen auf.

Aber wie wird ein Mann zum Schlägertyp?

Nach wie vor bereitet in unserer Gesellschaft das alte Rollenverhalten den Boden für Übergriffe gegen Frauen und Mädchen. Die Voraussetzungen für Gewalt beginnen schon sehr früh, wenn Jungen die Mädchen durch ihr Dominanzverhalten zum Schweigen bringen und ihnen Raum nehmen.

Eine weitere Wurzel des Übels: eine Erziehung, die noch aus Vorkriegstagen stammt: Jungen werden dazu erzogen, ihre Aggressionen herauszulassen, Mädchen dagegen sollen immer brav, lieb und nett sein und vor allem leise.

Viele Gründe können vorliegen, wenn ein Mann gewalttätig wird und von seinem »Faustrecht« Gebrauch macht: Es gibt Männer, die in ihrem Elternhaus gelernt haben, dass eine Frau sich dem Mann unterzuordnen hat. Tut sie es nicht, ist das für solche Männer ein Grund, sie zu »züchtigen«, denn sie haben gegen ihre Ordnung verstoßen. Viele Ehemänner spulen das Beziehungsschema ab, das sie in ihrer Familie kennengelernt haben. Waren die Eltern autoritär und dominant, dann glauben so geprägte Männer, es sei ihr Recht, über alle Bereiche des Familienlebens zu bestimmen. Sie erwarten, dass sich ihre Frauen ihnen bedingungslos unterwerfen und greifen rigoros durch, wenn diese Widerstand leisten und damit ihre Autorität antasten.

Dann gibt es Männer, die unter geringer Frustrationstoleranz, schnellem Kontrollverlust, starken Gefühlsschwankungen und Eifersucht leiden oder sich verbalen Auseinandersetzungen mit ihren Frauen nicht gewachsen fühlen. Männer schlagen ihre Frauen auch, um eigene Ohnmacht und Hilflosigkeit zu überspielen. Viele schlagende Männer wollen es nicht wahrhaben, dass sie selbst für ihren Kontrollverlust verantwortlich sind, und geben stattdessen die Schuld für ihre Gewaltausbrüche ihrer

Partnerin. Äußere Stressfaktoren wie Alkoholprobleme, Arbeitsplatzverlust, beengte Wohnverhältnisse oder finanzielle Sorgen können die Gewaltbereitschaft vergrößern.

Besonders Männer mit schwachem Selbstwertgefühl betrachten ihre Frauen als ihren Besitz und leiten daraus das Recht ab, sie zu kontrollieren und zu überwachen. Sie sind extrem eifersüchtig, sehen jeden Außenkontakt ihrer Frauen als Bedrohung an und versuchen, ihn mit allen Mitteln, auch mit Gewalt, zu unterbinden. Diese Männer finden ihr Verhalten in Ordnung. Für sie ist es ganz einfach: schuld sind die Frauen! Begehen Männer eine Gewalttätigkeit unter Alkoholeinfluss, sind sie natürlich auch nicht schuld, sondern der Alkohol.

Hiebe statt Liebe, Gewalt statt Zärtlichkeit – das kommt in Partnerschaften leider häufiger vor, als wir ahnen. Ein spektakulärer Fall, der über die Medien verbreitet wurde und auch hierzulande für großes Aufsehen gesorgt hat, ist der folgende: Die französische Schauspielerin Marie Trintignant starb an einem Hirnödem – nachdem sie von ihrem Freund, dem Rockstar Bertrand Cantat, während eines Streits durch Schläge lebensgefährlich verletzt worden war.

Ganz so tragisch enden glücklicherweise nicht alle Auseinandersetzungen in einer Partnerschaft. Trotzdem: Gewalt gegen Frauen durch den Ehemann oder Freund kommt häufiger vor, als man denkt.

Gesellschaftlich hat sich aber eines gravierend geändert: Gewalt innerhalb der eigenen vier Wände wird heute nicht mehr als persönliches Problem zwischen zwei Menschen angesehen. Der Schutz vor Gewalt ist ein Grundrecht, das auch im »trauten Heim« zu gelten hat. Trotzdem ist Gewalt gegen Frauen in der Ehe immer noch ein Antragsdelikt, das heißt, die misshandelte Frau muss selbst Anzeige gegen ihren Partner erstatten, damit der Staatsanwalt ermitteln kann. Die Verjährungsfrist beträgt (nur) drei Monate!

Die Erfahrung von Beratungsstellen zeigt, dass Gewalt in der Partnerschaft in der Regel sowohl im Ausmaß der Brutalität als auch in der Häufigkeit zunimmt, wenn sie erst einmal vorhanden ist. Diese Entwicklung kann häufig nur gestoppt werden, wenn die Frau ihr Verhaltensmuster ändert und Selbstbewusstsein entwickelt. Zum Thema Gewalt in der Familie führten die Soziologen Siegfried Lamnek und Jens Lüdtke 2003 eine empirische Untersuchung durch.[40] Erfasst wurden dabei Familienhaushalte in Bayern mit Kindern im Jugendalter. Die bei Weitem häufigste Begründung für Gewaltanwendung war: Reaktion im Affekt. Drei Viertel der Gewaltanwender sagten in der Befragung aus, sich über ihre/n Partner/in geärgert zu haben und wütend gewesen zu sein. Gut die Hälfte war hilflos und wusste sich nicht mehr anders zu helfen. Immerhin ein Viertel der gewalttätigen Partner erklärte die Schläge mit vorausgegangenem Alkoholkonsum und 40 Prozent der Opfer dachten bereits daran, den Partner wegen der Gewalt zu verlassen. 60 Prozent der geschlagenen Frauen und 25 Prozent der geschlagenen Männer (!) hatten sich entsprechende Gedanken gemacht. Es stellt sich die Frage: Warum dulden Frauen körperliche Gewalt gegen sich?

Vom Kräfteverhältnis her ist es immer ein ungleicher Kampf des David gegen Goliath, weshalb Frauen Männern kaum Schaden zufügen können. Obwohl es inzwischen ein Gewaltschutzgesetz gibt, das Opfern mehr Rechte einräumt wie beispielsweise Ausweisung des prügelnden Partners aus der ehelichen Wohnung oder Kontaktabbruch, machen nicht alle Opfer Gebrauch davon. Ihr Selbstwertgefühl ist nach jahrelangen Verletzungen und Demütigungen völlig desolat. Hinzu kommt oft wirtschaftliche und seelische Abhängigkeit und das führt zum »großen Schweigen«. Die Frage: »Wo soll ich denn hin?« hält Frauen bei ihren Peinigern. In ihrer Umgebung finden sie kaum Unterstützung, sie haben Kinder, keine eigene Wohnung und kein eigenes

Einkommen. Die Angst vor einer ungewissen Zukunft mit finanziellen Problemen, schwieriger Wohnungs- und Stellensuche oder der mögliche Verlust des Bleiberechts bei Ausländerinnen machen eine Trennung vom prügelnden Partner sehr schwierig. In besonders extremen Notlagen bleibt ihnen nur, Zuflucht im Frauenhaus zu suchen. Inzwischen gibt es Frauenhäuser und Netzwerke als erste Anlaufstelle für misshandelte Frauen.

Nur wenige von häuslicher Gewalt betroffene Frauen nehmen öffentliche Hilfsangebote in Anspruch, aus Angst vor dem Täter und aus Scham vor der Bewertung durch andere. Eigenartigerweise fühlen sich Frauen auch noch dafür verantwortlich, dass sie zu Opfern wurden. Sie geben sich für den Kontrollverlust ihres Partners eine Teilschuld und hoffen, ihn von seinem aggressiven Verhalten abzubringen. Sie sind sehr angepasst und schweigen, um nur keinen Streit auszulösen, machen sich klein und ihr sinkendes Selbstwertgefühl in Kombination mit ihren sich steigernden Scham- und Schuldgefühlen schwächt sie von Tag zu Tag mehr und macht ihnen den Absprung immer schwerer.

Das Opfer versucht mit allen Mitteln, durch Anpassung Gewaltausbrüche zu verhindern. Wenn es dann trotzdem dazu kommt, sieht es sich selbst als die Ursache an: »Wenn ich doch geschwiegen hätte … Wenn doch das Essen nicht angebrannt wäre … Wenn ich die Kinder besser erzogen hätte.« Solche Selbstvorwürfe verhindern die Suche nach Hilfe von außen. Viele Opfer neigen auch zum Verleugnen und Verdrängen und bereits nach Monaten der Misshandlung geht ihnen jegliches gesunde Gefühl für Grenzen verloren. Falls Außenstehende doch einmal etwas mitbekommen sollten, wird der prügelnde Partner in Schutz genommen und sein Verhalten entschuldigt: »War nur ein Ausrutscher …« Häufig entsteht eine immer wiederkehrende Spirale aus Gewaltattacken, Entschuldigungen und Beteuerungen, so etwas käme nie wieder vor – bis es dann doch wieder passiert. Viele Frauen hoffen auch, dass ihr Partner irgendwann seine Versprechungen wahr machen wird und sich ändert, damit sie selbst nichts ändern müssen. Viele Betroffene lässt die Hoffnung auf bessere Zeiten paralysiert in ihrer misslichen Situation verharren. Betroffene Frauen glauben, wenn sie nur genug lieben, würde alles wieder gut.

Frauen, die ihre prügelnden Partner verlassen und das heimische Gewaltszenario öffentlich gemacht haben, müssen auch heute noch mit gesellschaftlicher Ächtung rechnen. Nicht der Verursacher wird schief angesehen, sondern sein Opfer. Zu der Angst vor gesellschaftlicher Diskriminierung kommen Scham und Schuldgefühle, in der Partnerschaft »versagt« zu haben.

An dieser Stelle möchte ich Betroffene aus meinen Seminaren zu Wort kommen lassen, die Gewalt erfahren mussten und sich befreien konnten.

Lydia, 39:
»Unsere Familie war lange Zeit ein Tatort für Gewalt. Mit größter Anstrengung habe ich die Schande nach außen gedeckt und das Bild der heilen Familie aufrechterhalten. Ich schämte mich und ließ es zu, dass mein Mann mich schlug, wenn er mal wieder ausrastete. Zur Tarnung der blauen Flecken trug ich selbst bei größter sommerlicher Hitze langärmlige Blusen, um die Spuren der Misshandlung durch meinen Mann zu verstecken.
Äußerlich war bei uns alles in bester Ordnung. Wir wohnten mit unseren beiden Kindern in einem gepflegten Vorort. Zwei Autos der gehobenen Preisklasse standen in der Garage und oft war unser Haus Treffpunkt für Partys mit bedeutenden Leuten. Mein Mann war beruflich sehr erfolgreich und wir genossen hohes Ansehen. Unser Familiengeheimnis

Gewalt kannte niemand. Hinter der gut gepflegten Fassade der Normalität verbargen sich grausame Gewaltausbrüche. Bei mir läuteten die Alarmglocken durch unseren zehnjährigen Sohn. Seine Schulleistungen sanken rapide, er wurde zunehmend unkonzentrierter, weinte manchmal in der Schule, klagte über Bauchschmerzen. Die ungelösten Probleme unseres Familiensystems brachen sich bei ihm Bahn. Unser Sohn war zum Symptomträger geworden. An ihm zeigte sich, wie krank unsere Familie war, und mir wurde bewusst, dass ich die Reißleine ziehen musste. Ich holte mir professionelle Hilfe, ohne die ich den Absprung nie geschafft hätte. Ich fühlte mich verantwortlich, unseren Sohn zu schützen, denn er war das schwächste Glied in der Gewaltspirale. Als Mutter spürte ich die Pflicht, mein Kind vor Übergriffen zu schützen, wenn ich mich nicht mitschuldig machen wollte. Im Rahmen der Therapie wurde mir bewusst, dass ich das Richtige getan hatte, denn Kinder, die Gewalt in ihrem Elternhaus erlebten, schlagen später als Erwachsene oft ebenfalls zu – häufiger als andere. Das schädliche Muster der Gewalt wird von Generation zu Generation weitergegeben. Ich wollte diese Entwicklung stoppen.«

Heike, 43:
»*Ich habe erst nach vielen Jahren der Gewalt in meiner Ehe Hilfe gesucht und im Rahmen der Therapie gelernt, dass Opfer und Täter sich fast magnetisch anziehen. Beide haben in der Regel die gleichen schmerzhaften Erlebnisse von Gewalt in ihrer Herkunftsfamilie erlebt. Bei beiden haben ständige Schläge oder Kritik das Selbstwertgefühl systematisch zerstört. Als kleines Mädchen lernte ich früh, dass ich mich still und brav in die Ecke verziehen musste, um verschont zu werden. Ich beobachtete, wie meine Mutter sich zur Wehr*

setzen wollte, aber dabei brutal unter die Räder kam. Tief in meinem Unterbewusstsein bildete sich die Gewissheit, dass Gegenwehr die Lage verschlimmert. Wie sollte ich mit dem, was ich zu Hause gelernt und erfahren hatte, Grenzen setzen oder Konflikte im Gespräch lösen können? Wenn ich mich schon mal jemandem anvertraute, bekam ich immer den Rat: ›Du musst netter zu deinem Mann sein, dann hört er auf, dich zu schlagen!‹ Tief in mir steckte aber noch mehr: Die Sehnsucht nach Nähe, nach Geborgenheit und der Wunsch zu helfen. Nach Gewaltausbrüchen war mein Mann wieder nett, gelobte unter Tränen Besserung. Immer wieder gab ich ihm eine Chance und immer wieder wurde ich enttäuscht. Was es mir so schwer machte, mich abzugrenzen, war die Tatsache, dass mein Mann zwei Gesichter hatte. In eines davon hatte ich mich verliebt: Er war lustig, großzügig, verständnisvoll. Erst in der ›bedrohlichen‹ Nähe des Ehealltags zeigten sich seine Unberechenbarkeit, seine abwertende Art, sein Jähzorn. Doch nach außen glänzte er noch immer als Vorzeigemann. Kein Wunder, dass ich lange Zeit annahm, ich sei womöglich noch schuld an seinem negativen Verhalten. Ich hoffte und schwieg, er wertete mich ab und schlug mich.

Als ich ihn verließ, drohte er, dass er sich umbringe, wenn ich ginge. Innerlich hatte ich mich bereits so weit von ihm entfernt, dass diese Erpressungsversuche ins Leere liefen. Mein Selbsterhaltungstrieb sorgte dafür, meinem Leiden ein Ende zu setzen.«

Seelische Gewalt

Obwohl sehr verbreitet, wird eine Form der Gewalt oft heruntergespielt oder ignoriert: die psychische oder seelische Gewalt.

Psychische Gewalt ist schwerer zu erfassen als direkte körperliche Gewalt, und doch verletzt sie. Es ist schwer, sich gegen eine Gewalt zu wehren, die weder greifbar noch beweisbar ist und die doch verletzt. Seelische Gewalt erniedrigt, nimmt die Selbstachtung, macht hilflos. Den Tätern dient sie dazu, ihr eigenes Ego zu erhöhen und ihre Gier nach Anerkennung und Bewunderung zu befriedigen.

Um seelische Gewalt gegenüber der Ehefrau mit einem handlichen Begriff zu beschreiben, möchte ich in Anlehnung an den Psychoanalytiker Wolfgang Schmidbauer den aus der Arbeitswelt stammenden Begriff »Mobbing« benutzen.

Wenn Wolfgang Schmidbauer von »Mobbing in der Liebe«[41] spricht, meint er keine spektakulären Aktionen oder offenen Psychoterror, sondern subtile Verletzungen: ständige kleine Sticheleien, die eine dauerhafte Entwertung des Partners zum Ziel haben. Man untergräbt das Selbstwertgefühl des anderen nach dem Motto: »Steter Tropfen höhlt den Stein!« Man macht ihn so lange klein, bis er selbst glaubt, nichts wert zu sein und froh ist, dass der Partner bei ihm bleibt.

Grundsätzlich gilt: Aggressionen, die durch Versöhnungsbereitschaft aufgewogen werden, sind harmlos und können eine Beziehung beleben. Gefährlich allerdings sind unversöhnliche, entwertende Aggressionen: »Schau dich mal an, wie du aus dem Leim gegangen bist«, oder: »Du bist schuld, dass unser Sohn ein Versager geworden ist«, oder auch: »Bei deiner komischen Familie wundert mich nichts mehr!«

Christiane, 49:
»*Ich war engagierte Kunstlehrerin am Gymnasium und nahm häufig mit besonderen Klassen an Wettbewerben teil. Wenn ich für die Schule einen Preis gewann, über den sogar die Lokalpresse berichtete, kommentierte mein damaliger Mann das so: ›Auch ein blindes Huhn findet mal ein Korn!‹ Oft titulierte er mich auch als ›hochgradig bescheuerte Maltante‹, um mich klein zu machen. Ich habe mich oft gefragt, warum ich mir dauernd solche Unverschämtheiten bieten ließ. Im Rahmen einer Psychotherapie nach drei Nervenzusammenbrüchen innerhalb eines Jahres erkannte ich, dass mein Mann mich mit solchen herabsetzenden Kommentaren klein halten wollte, weil er erkannt hatte, dass in Wirklichkeit ich die Starke war. Ich erkannte die Kuriosität, dass Mobber nicht mobben, um den anderen loszuwerden, sondern um ihn an sich zu binden.*
Da ich mehrfach am Tag irgendetwas Herablassendes zu hören bekam, was sich wie eine Dauersuggestion auswirkte, traute ich mir nichts mehr zu, erst recht keinen Absprung und Neuanfang. Wäre ich nicht durch meine Nervenzusammenbrüche im Krankenhaus und anschließend in einer Psychotherapie gelandet, wäre ich vermutlich immer noch in dieser Ehe, weil ich allein keine Kraft gehabt hätte und mir vor allen Dingen nichts zutraute.«

Mobbing gibt es also nicht nur in der Arbeit, sondern auch in der Liebe. Partner mobben einander, wenn sie überlastet und unter Stress sind, eigene Verletzungen kompensieren wollen oder die Schwächen des Partners nicht akzeptieren können. Grund dafür sind unerfüllte Erwartungen und die Unfähigkeit, mit Kränkungen fertig zu werden. Wenn der Prinz auf die zauberhafte Prinzessin trifft, hängt der Himmel voller Geigen und man berauscht sich an der Vorstellung unendlichen Liebesglücks. Nach der Zeit der romantischen Illusionen und Idealisierungen mutiert im Härtetest des Alltags der einst reizende Prinz zum Zyniker und die liebreizende Prinzessin entpuppt sich zur hinterhältigen Hexe. Die Weichen sind gestellt für eine unheilvolle Entwicklung. Die ganze Wut darüber, dass alles so anders ist, als man es sich erträumt hatte, richtet sich auf den angeblich so unvollkommenen Partner. Er wird entwertet, bloßgestellt, drangsaliert, gequält, bedroht, lächerlich gemacht und möglicherweise vor Fremden oder vor den eigenen Kindern als Versager hingestellt.

In den meisten Fällen besitzen Menschen, die andere mobben, unendlich viel Kreativität, um diese anderen zu schikanieren: Plötzlich verschwinden wichtige Unterlagen spurlos, der Wecker klingelt nicht mehr rechtzeitig und alles scheint ein merkwürdiges Eigenleben zu führen. Irgendwann erkennt der Gemobbte: Nicht die ganze Welt hat sich gegen ihn verschworen, sondern der eigene Partner.

Gemeinheiten und Niederträchtigkeiten in Beziehungen haben ihren Ursprung in enttäuschten Erwartungen aneinander und in einem unterentwickelten Selbstwertgefühl. Die Opfer ertragen die Schikanen stoisch, oft aus Scham oder der Kinder wegen. Besonders gefährdet sind Menschen, die bereits als Kind erlebten, wie ein Elternteil vom anderen terrorisiert wurde. Sie neigen dazu, geduldig auszuhalten, weil ihnen dieses Muster geläufig ist und sie glauben, dass das normal sei. Typisch ist auch, dass die Außenwelt, aber auch der übrige Kreis der Familie möglichst nichts von dem desolaten Zustand der Ehe erfahren soll. Die Gründe für diese Geheimhaltung liegen auf der Hand:

Trotz oder gerade wegen der hohen Scheidungsrate hält die Gesellschaft an dem Ideal einer guten, glücklichen Ehe fest. Eine Ehe, in der körperliche und/oder seelische Gewalt dominieren, wird als schlecht angesehen und Außenstehende sind schnell dabei zu verurteilen. Dem Mobbing-Opfer – in der Regel die Ehefrau – würde Versagen oder wenigstens Mitschuld attestiert. Auf die Klagen einer unglücklichen Ehefrau reagieren Familienmitglieder, beispielsweise Eltern und Geschwister und selbst beste Freundinnen mit ungebetenen Ratschlägen und Vorwürfen:

- »Warum lässt du dir das überhaupt gefallen, warum trennst du dich nicht?«
- »Ihr passt einfach nicht zusammen ...«
- »Das haben wir immer schon geahnt und dir deshalb davon abgeraten, diesen Typen zu heiraten!«
- »Du bist doch sonst so tüchtig, warum lässt du dich so entwürdigen und unterdrücken?«
- »Dir hätte ich mehr Durchsetzungsvermögen zugetraut.«

Was Gemobbten helfen könnte, wäre Verständnis. Das wird ihnen aber oft gerade nicht entgegengebracht, sondern sie werden ganz im Gegenteil von anderen infrage gestellt. Das wiederum zeigt Gemobbten, dass es besser ist, zu schweigen und »das Problem« für sich zu behalten. Abgesehen davon bringen besserwisserische Kommentare sie unter Druck, handeln zu müssen. Der Kopf sagt ihnen zwar, was logisch ist, nämlich, sich von solch einem Menschen zu trennen, der Bauch aber signalisiert ihnen, warum das – angeblich – nicht möglich ist.

Die Entwicklung der sprunghaft ansteigenden Scheidungszahlen zeigt, dass das Vertrauen in die Verlässlichkeit von Beziehungen schwindet. Das verursacht Stress und weckt Ängste vor dem Alter und vor der alleinigen Verantwortung für die Kinder. Hinzu kommt, dass auch der Druck in der Arbeitswelt zugenommen hat und die Verhältnisse instabil geworden sind. Viele Männer und Frauen geraten so nicht selten in einen harten Zweifrontenkrieg. Einerseits kosten sie die permanente Unsicherheit und der ständige Streit in der Partnerschaft Kraft, andererseits müssen unter Umständen beide gleichzeitig um ihren Job und ihre Karriere kämpfen.

In der WDR5-Hörfunksendung *LebensArt* vom 6. November 2007[42] vertrat Schmidbauer die These, dass es viel einfacher sei, die Mobbing-Falle zu vermeiden, als ihr zu entkommen, wenn man einmal hineingeraten ist. Gute Beziehungen beruhten nicht darauf, sich angestrengt um Konstruktives zu bemühen. Sie entstünden von selbst, wenn es gelinge, das »Destruktive zu vermeiden«. Dazu gehöre, Auseinandersetzungen durchzustehen, sich nicht für Verletzungen zu »rächen« und mit Aggressionen umgehen zu lernen. Vor allem riet der Paartherapeut zu mehr Kreativität und Humor in der Beziehung. Letztendlich sei Mobbing nichts anderes als ein Warnzeichen dafür, dass eine Person in ihren Beziehungserwartungen verletzt wurde, die sie nicht mehr vernünftig und zweckmäßig bewältigen könne.

Die französische Psychoanalytikerin Marie-France Hirigoyen hat in ihrem Buch *Die Masken der Niedertracht: seelische Gewalt im Alltag und wie man sich dagegen wehren kann*[43] sehr eindrucksvoll anhand vieler Beispiele die subtilen Formen seelischer Gewalt beschrieben. Die Autorin zeigt, wie verbreitet seelische Gewalt in Beziehungen, in der Familie, am Arbeitsplatz ist, ja wie unsere gesamte Gesellschaft von dieser pervertierten Form des Umgangs durchdrungen ist. Indem sie das Thema bewusst macht, ermutigt sie die Opfer, ihrer Wahrnehmung zu trauen und sich zur Wehr zu setzen.

Gewalt gegen pflegebedürftige ältere Familienmitglieder[44]

Viele ältere Menschen werden jedes Jahr in ihrem Zuhause Opfer von körperlicher und seelischer Gewalt. Pflegebedürftige Menschen werden von ihren Angehörigen ans Bett gefesselt, beschimpft, eingesperrt, geschlagen, mit Medikamenten ruhig gestellt oder in ihrem eigenen Kot liegen gelassen.

Konflikte und Gewalt in der häuslichen Pflege sind immer noch ein Tabu. Menschen, die nicht mit der Pflege älterer Menschen zu tun haben, können sich oft nicht vorstellen, dass auch in diesem Bereich Aggressionen, ja sogar körperliche Misshandlungen auf der Tagesordnung stehen können. Betroffene geraten durch das Verschweigen oder Verharmlosen der Auseinandersetzungen immer weiter in die Isolation.

Im häuslichen Bereich gibt es meist kein klares Opfer-Täter-Verhältnis. Es gibt auch jene Alten, die es schaffen, aus dem Bett heraus ihre pflegenden Töchter und oft die ganze Familie zu terrorisieren und zu schikanieren. Wechselseitig wird das Opfer zum Täter und der Täter zum Opfer. So schaukeln sich die Konflikte aufgrund alter und neuer Verletzungen, Kränkungen und Missverständnissen immer höher.

Inge, 54:
»Wenn ich nicht so funktioniere, wie meine Schwiegermutter es will, dann bestraft sie mich, indem sie Kaffee verschüttet oder den Teller umkippt, damit ich am Ende noch mehr Arbeit habe und wieder alles sauber machen muss.«

Doris, 62:
»Seit fünf Jahren waren mein Mann und ich keinen einzigen Tag weg, dann wollten wir endlich mal verreisen. Die Unterbringung meiner Mutter in der Kurzzeitpflege war gere-

gelt. Nach vier Tagen sind wir wieder zurückgeflogen, weil Mutter uns anrief, sie sei erkrankt und es gehe ihr gar nicht gut. Sie wolle sich von uns verabschieden, bevor sie sterbe. Meine Mutter weiß genau, wie sie bei uns ein schlechtes Gewissen auslösen kann. Ich habe beschlossen, mich nicht mehr manipulieren zu lassen. In Zukunft gebe ich niemandem mehr unseren Urlaubsort bekannt, sondern erkundige mich selbst täglich bei der Einrichtung, in der meine Mutter während unseres Urlaubs zur Kurzzeitpflege untergebracht ist.«

Die Spirale aus Schuldgefühlen und Erpressungen bedingt ein Klima, in dem alle Formen von Gewalt gedeihen können. Es gibt einerseits die ganz konkrete, auf den Körper ausgeübte Gewalt, die Pflegebedürftigen werden von ihren Betreuern und Pflegern beispielsweise schon einmal hart angefasst, aggressiv gewaschen, gekämmt, gefüttert oder an den Ohren gezogen und sogar geschlagen. Andererseits gibt es die verbale und emotionale Gewalt. Diese äußert sich in versteckten kleinen Andeutungen und kann sich bis hin zur seelischen Grausamkeit steigern. Die Pflegebedürftigen werden eingeschüchtert, isoliert, beschimpft, verspottet und mit Liebensentzug oder Heimeinweisung (!) bedroht.

Annemarie, 57:
»Ich empfinde oft Aggressionen gegenüber meiner Mutter. Weil ich Angst davor habe, mich in solchen Situationen selbst nicht stoppen zu können und weil ich nicht gewalttätig entgleisen will, gehe ich in den Garten, grabe ein Beet um oder entlade meine Aggressionen in Putzwut, bis ich am Ende total erschöpft bin und nicht mal mehr die Kraft zur Entladung von Aggressionen habe. Ich kann aber nicht ga-

rantieren, dass meine ›Ersatzhandlungen‹ immer funktionieren. Einmal hat meine Mutter mich so gereizt, dass ich mich vergessen und sie geschlagen habe. Danach war ich total verzweifelt.«

Der Hauptgrund für die Gewalt gegenüber den zu pflegenden Alten ist meistens die Überforderung der Pflegenden. Ein weiteres Motiv ist in der tiefen Hoffnungslosigkeit und Enttäuschung zu sehen, die von den pflegenden Frauen Besitz ergreift, wenn sie ihren Vater oder ihre Mutter auf unabsehbare Zeit pflegen müssen. Das ganze Leben lang haben sie ihre Pläne aufgeschoben und sich gesagt, später, wenn die Kinder aus dem Haus sind und wir nicht mehr berufstätig sein müssen, dann haben wir Zeit für uns, dann können wir lesen, reisen, unseren Hobbys nachgehen usw. Und plötzlich wird ein Elternteil mit 75 oder 80 beispielsweise durch einen Schlaganfall zum Pflegefall. Und dann bleibt von allen Träumen nur noch anstrengende, zermürbende Pflege.

Natürlich müssen solche Frustationen nicht zu Gewalt gegenüber den zu Pflegenden führen, aber sie können dieses Verhalten erklären.

Ein weiterer Grund für Gewalt in der häuslichen Pflege liegt darin, dass oft gerade in Überlastungssituationen alte, nicht verarbeitete Konflikte der Vergangenheit aufbrechen. All die Verletzungen und Kränkungen von früher kommen bei der Pflege in diesem engen Abhängigkeitsverhältnis wieder hoch. Die ungeliebte Ehefrau soll plötzlich nur noch geben. Töchter oder auch Söhne sollen ihren Eltern, die niemals wertschätzend, fördernd oder liebevoll waren und denen nichts gut genug war, Aufmerksamkeit, Liebe und Fürsorge schenken. Aber von Anerkennung und Dankbarkeit ist nichts zu spüren. Im Gegenteil: Sie haben vielleicht einen Elternteil zu sich in die Wohnung genommen, kümmern sich um ihn, aber abends, wenn sie von der Arbeit kommen, hören sie nur: »Na, kommst du auch mal vorbei!« Da kommt Freude auf!

Zu den negativen Gefühlen, die zu Aggressionen gegenüber den zu Pflegenden verleiten können, gehört der Ekel: Wenn Kinder die Intimpflege ihrer Eltern übernehmen müssen, gibt es oft starke Empfindlichkeiten auf beiden Seiten.

Um die oft vollkommen verzweifelten Menschen in ihrer Pflegeaufgabe zu unterstützen, gibt es inzwischen *Krisentelefone*.[45] Gerade für diejenigen, die einen dementen Angehörigen pflegen und nicht mehr von zu Hause wegkommen, ist ein solches Krisentelefon eine große Hilfe. Wenn der Angehörige schläft, können sie also zum Hörer greifen und erzählen, was sie bedrückt und worin sie sich überfordert fühlen. Sie können ihrer Seele Luft machen, bevor der Druck in ihnen zu stark wird und so weit ansteigt, bis er sich eventuell in Tätlichkeiten gegenüber dem Schwächeren entlädt.

Für die Anrufer, die sich an ein Krisentelefon wenden, ist es wichtig zu wissen, dass dort Menschen sind, die zuhören, sich Zeit nehmen, auf die Probleme eingehen und nicht verurteilen. Viele Anrufer sind anonym, weil sie sich schämen, mit der Situation nicht zurechtzukommen. Bei groben Missständen stehen Berater und Mediatoren zur Verfügung, um die Situation durch Beratungsgespräche zu entschärfen. Eigentlich müsste es flächendeckend in Deutschland Krisentelefone geben, eventuell nach dem Prinzip der Telefonseelsorge. Pflegende Angehörige, die unter Druck geraten, brauchen Anlaufstellen, um sich zu erleichtern und zu befreien wie bei der Beichte. Es ist wichtig, dass in Ausnahmesituationen jemand da ist, der sich belastende Bekenntnisse anhört.

Kriminalität in der Familie

Das NDR Fernsehen zeigte 2007 eine Reportage *Familienschande – unser Sohn hinter Gittern*[46]. Die Autorinnen Julia Geyer und Regina Milde haben lange nach Eltern suchen müssen, die den Mut hatten, mit diesem Tabuthema an die Öffentlichkeit zu gehen. In ihrer Reportage wurde deutlich: Wenn das eigene Kind straffällig geworden ist, büßen auch die Eltern. Immer wieder fragen sie sich: »Was haben wir falsch gemacht, wie hätten wir es verhindern können?« Aber auf ihre quälenden Fragen gibt es selten klare Antworten. Hinzu kommt die Scham, die häufig so groß ist, dass die Eltern sich niemandem anvertrauen und mit ihrer Last allein bleiben. Auf einfühlsame Weise zeigten die Autorinnen an vier Beispielen ein Leben im Spannungsfeld zwischen Scham, Schuld, Vorurteilen und großer Elternliebe:

Im März 2001 steht plötzlich die Polizei vor Wolfgang W. (55). »Wir haben Ihren Sohn festgenommen – dringender Tatverdacht wegen Mordes und Vergewaltigung«, heißt es. Entsetzen, Scham, Ratlosigkeit, Schuldgefühle - der alleinerziehende Vater durchlebt in den nächsten Wochen und Monaten ein emotionales Chaos.

Ähnlich ergeht es Marlies S., deren Sohn wegen Beihilfe zum Mord inhaftiert ist. Sie hat selbst eine Therapie gebraucht, um mit ihrem Leben wieder zurechtzukommen.

Auch Roswitha (43) und Karl-Friedrich W. (54) haben ein gut gehütetes Familiengeheimnis. Seit eineinhalb Jahren sitzt ihr Sohn (24) wegen eines bewaffneten Tankstellenüberfalles im Gefängnis. Die bohrende Frage nach dem Warum beschäftigt seitdem die Eltern und die Angst, bei der Erziehung versagt zu haben.

Auch der Film *Im Lügengefängnis* von Bernd Umbreit[47] handelt vom Stigma einer Straftat von Familienangehörigen. Dieser Film beinhaltet drei in sich abgeschlossene Fallbeispiele:

Nicole war vier Jahre alt, als ihr Vater wegen Mittäterschaft bei einem Mord zu lebenslanger Haft verurteilt wurde. Die heute 17-Jährige gibt sehr offen und ehrlich Einblicke in diese besondere Familiensituation. Tagebuchaufzeichnungen dokumentieren Gefühle und Gedanken. Dass das Leben hinter Gittern kein Kuraufenthalt ist, weiß man. Die Strafe hat schließlich ihren Grund. Doch auch die Angehörigen werden mitbestraft. Meist zerbricht die Familie, während der Strafgefangene seine Zeit verbüßt.

Mit einem Lügengerüst wird die »Familienschande« verdeckt. In vielen Fällen wird das Netz aus Notlügen und fadenscheinigen Erklärungen so eng um die Betroffenen gesponnen, dass ein »normales« Leben nicht mehr möglich ist.

Viel wird in den Medien über Opfer und Täter geredet, aber die stillen Opfer einer Straftat, die Angehörigen des Täters, werden kaum beachtet. Wenn ein geliebter Mensch eine Straftat begeht und verhaftet wird, haben dessen Angehörige eine erdrückende Last zu tragen: Da ist zum einen die plötzliche Leere. Ein Mensch, der immer da war, ist plötzlich weg und ist fast unerreichbar. Man muss von heute auf morgen mit allem ganz alleine fertig werden. Da ist die Scham, mit anderen darüber zu reden. Freunde wenden sich von einem ab. Finanzielle Not stellt sich eventuell ein, wenn der Straffällige wesentlich zum Einkommen des Haushalts beigetragen hat und diese Geldquelle nun ausfällt. Und immer wieder stellt man sich die Frage, ob die Straftat hätte verhindert werden können.

Daniela, 29:
»Die Zeit unmittelbar nach der Verhaftung meines Verlobten kann ich heute getrost als die schlimmste meines Lebens bezeichnen. Zwar blieb ich von existenziellen Problemen verschont, doch mein Lebensgefährte, der immer für mich da

war, war plötzlich einfach weg, von einer Stunde zur nächsten unerreichbar verschwunden hinter einer Wand aus unbekannten Vorschriften, Regeln und Paragrafen, abgeschirmt von Leuten, deren Einsicht oder Nichteinsicht zukünftig unser Leben zum großen Teil bestimmen sollten. Ich fühlte mich, als hätte man mir den Boden unter den Füßen weggezogen. Ich hatte Angst vor der Zukunft, Angst um meinen Partner und ich glaube, ich fühlte mich nie zuvor so alleine. Der erste tiefe Schock hielt zwei Tage lang an, danach war ich erstmals in der Lage, mich hinzusetzen und meinem Verlobten zu schreiben. Briefe dürfen Inhaftierte jederzeit und unbegrenzt erhalten und die ersten zwei Jahre waren unsere Briefe die einzige Form, in der wir, so gut es eben ging, unsere Beziehung aufrechterhalten konnten. Mein erster Gedanke ging nach der Inhaftierung natürlich dahin, dass ich ihn wieder sehen, ihn besuchen wollte. Mit vielen Telefonaten habe ich mich durch den Vorschriftendschungel gekämpft. Als Erstes war es nötig, eine Besuchserlaubnis zu beantragen.
In jeder JVA muss man an der Pforte zunächst einen Metalldetektor passieren, meist wird mit einem Handgerät noch einmal nachkontrolliert und häufig wird man auch noch einer Leibesvisitation unterzogen. Sämtliche Taschen müssen geleert werden, es darf nichts mit in den Besuchsraum genommen werden. Die Besuche wurden von Beamten der JVA überwacht. Dies ist von Anstalt zu Anstalt unterschiedlich, wir durften uns nur gegenübersitzen, ein Tisch zwischen uns und daneben ein Justizvollzugsbeamter. So beklemmend das alles anfangs für mich war: beim ersten Wiedersehen fielen wir uns in die Arme und alles um uns herum war vergessen. Woran ich mich nie gewöhnt habe, war die viel zu kurze Besuchszeit und – ihn beim Abschied dort zurücklassen zu müssen.

Die ersten Monate waren dann wirklich die Hölle. Ich hatte keine Informationen, die Zukunft war ungewiss, Angst und Hoffnung gingen Hand in Hand, und ich hatte immer das Gefühl, dass wir beide gemeinsam an einem tiefen Abgrund entlanglaufen. Der Prozess rückte immer näher, einerseits ersehnt, andererseits gefürchtet.
Meine beste Freundin attackierte mich mit guten Ratschlägen, meist riet sie mir, mich von ihm zu trennen. Sie spickte ihre ›aufbauenden‹ Worte mit Sätzen wie: ›Du wirfst dein Leben weg‹, ›Er nutzt dich doch nur aus‹, ›Ist doch klar, dass er dir sagt, dass er dich liebt, schließlich braucht er dich ja jetzt‹ usw. Mein übriger Freundeskreis zog sich still und heimlich zurück, weil es niemand verstehen konnte, dass ich zu meinem Freund hielt. Mit so etwas wie mir konnte man keinen Kontakt mehr haben. Ich wurde mitverurteilt und mitbestraft. Für mich war das eine wichtige Erfahrung, nach der ich systematisch begann, meine Freunde auszusortieren. Meine Arbeit hat mich abgelenkt und sichergestellt, dass ich nicht auch noch in finanzielle Nöte geraten bin. Was Freizeitaktivitäten angeht, bin ich der Meinung, dass man genau auf sich hören und sich selbst nicht überfordern sollte. Man muss Geduld mit sich haben und sich auch erlauben, schwach zu sein. Mit der Zeit lernt man, mit der Situation zu leben. Es geht langsam, aber wenn man achtsam mit sich umgeht, sieht man auch die ganz kleinen Schritte.
Es ist wichtig, sich nicht zu überfordern, auch nicht vom inhaftierten Angehörigen. Oftmals ist man versucht, alles für ihn zu regeln, weil er ja in der Haft nichts machen kann, er es eh' schon schwer genug hat. Aber das ist nicht richtig – der Inhaftierte hat seine Situation selbst verschuldet und hat nun auch die Konsequenzen zu tragen. Zum anderen muss man an seine eigenen Grenzen denken. Das wichtigste Argu-

ment aber ist, dass dem Inhaftierten sowieso schon jegliche Entscheidung abgenommen wird und er kaum Möglichkeit zur Selbstbestimmung hat. Wenn man ihm alles abnimmt und für ihn regelt, verlernt er es mit der Zeit, eigenverantwortlich Probleme zu lösen.

Am wichtigsten ist es nach meiner Erfahrung, dass man beidseitig keine falsche Rücksicht nimmt, dass man absolut ehrlich und offen zueinander ist, auch in Fragen, die dem anderen wehtun können, dass man sich gegenseitig vertraut und so gut es geht füreinander da ist.

Wichtig war für mich auch, mich mit der Knastwelt vertraut zu machen, soweit das von außen möglich ist, durch Bücher, Kontakte mit anderen Angehörigen und ehemaligen Inhaftierten. Das war für mich sehr wichtig, um die Welt halbwegs verstehen zu können, in der mein Verlobter leben muss. Dadurch sind viele Dinge, die der Partner schreibt, Dinge, die in ihm vorgehen, besser einzuschätzen und zu verstehen.

Genauso wichtig ist es, dem Inhaftierten auch eigene alltägliche Probleme zu schildern, mit denen man selbst konfrontiert ist, damit auch er den Kontakt zu dem Leben draußen nicht völlig verliert und die Handlungsweisen und Nöte seines Partner ›draußen‹ verstehen kann.

Wir haben nun zwei Jahre hinter uns und noch einige vor uns. Am 9. Oktober 2007 haben wir in der JVA geheiratet, und obwohl noch eine lange, harte Zeit vor uns liegt, sowohl während der Haftzeit als auch danach, sind wir zuversichtlich, dass wir auch das noch schaffen werden. Wir sind glücklich, dass wir einander haben.«

Sexuelle Normabweichung in der Familie

Zu den sexuellen Normabweichungen gehört die Homosexualität, das heißt das auf das eigene Geschlecht gerichtete Geschlechtsempfinden von Männern oder Frauen. Fachleute schätzen den Anteil von homo- oder bisexuellen Männern und Frauen in der Bevölkerung auf 3 bis 10 Prozent.[48] Aber obwohl inzwischen bekannt ist, dass diese Normabweichung genbedingt ist, halten sich in Teilen der Gesellschaft nach wie vor hartnäckig Vorurteile gegenüber Homosexuellen. Je nach Selbstbewusstsein des Homosexuellen einerseits und der Aufgeschlossenheit oder Intoleranz seines sozialen Umfeldes andererseits bekennt sich der Betreffende zu seiner Neigung oder versucht, sie zu verheimlichen.

Homosexualität

Ich kenne eine Familie, die in wunderbaren, nach außen hin harmonischen Verhältnissen lebte, ein wunderschönes Haus besaß und einen reizenden elfjährigen Sohn hatte. Eine richtig nette Familie. Da gab es nur einen kleinen Schönheitsfehler, der nicht zum absoluten Glück passte. Die Frau dieser Familie kränkelte und verbrachte viel Zeit im Krankenhaus und in Reha-Einrichtungen. Der Mann sorgte sich liebevoll um sie und las ihr jeden Wunsch von den Augen ab. Niemand ahnte, dass der Mann ein Doppelleben führte. Zu Hause war er der fürsorgliche Ehemann und Vater. Aber es gab noch eine andere Seite an ihm, die er verheimlichte. Er liebte einen Mann, mit dem er sich alle zwei Wochen am Wochenende traf. Seiner Familie gegenüber begründete der Mann seine regelmäßige Abwesenheit mit sportlichen Ambitionen und Trainings. Bestimmt hatte die Frau schon geahnt, dass irgendetwas nicht in Ordnung war, es möglicherweise aber verdrängt, weil sie die Wahrheit nicht zulassen wollte oder konnte. Eine Positionierung hätte existentielle Folgen gehabt. Immerhin betrieb das Paar ein gut florierendes Blumengeschäft, das ihre gemeinsame Existenz sicherte. Wie würde die Kundschaft reagieren, wenn sie von der Homosexualität ihres Mannes etwas erfahren würde? Die Frau tat also nach außen so, als sei alles in Ordnung und bezahlte dafür mit ihrer Gesundheit.

Schwule Ehemänner und Väter? – Ja, es gibt sie, oft im Verborgenen, manchmal auch in äußerlich scheinbar intakten Ehen. Es gibt Männer, die ihre Homosexualität erst ganz spät als Ehemann oder Familienvater entdecken. Sich dann mit Frau und Kindern auseinandersetzen zu müssen, bringt Konflikte und Probleme mit sich. Viele fürchten diese Auseinandersetzung und leben weiter wie bisher. Weil Lebenslügen aber nicht glücklich machen, entscheiden sich immer mehr Männer dazu, sich irgendwann zu outen. Es gibt sogar Männer, die initiativ werden und mit ihrem »Anderssein« an die Öffentlichkeit gehen und *Gesprächskreise für schwule Väter* gründen.

Norbert, 55:
»Ich war 18 Jahre lang glücklich verheiratet. Das Thema Schwulsein gab es für mich nicht. Erst in einer extremen Stresssituation im Beruf hat sich das geändert. Damals wuchs mir alles über den Kopf. In der Krise gab es diese Umstellung, die als Anlage sicherlich schon da gewesen war. Dieser ganze Prozess dauerte etwa ein Jahr. Gott sei Dank hat meine Exfrau zu mir gehalten. Sie sagte: ›Norbert, wenn du mit einer anderen Frau gekommen wärst, hätte ich schlechter damit umgehen können. Aber so wollen wir sehen, wie wir das zusammen hinkriegen.‹ Als ich erkannte, dass ich

schwul bin, war ich 49 Jahre alt. Diese Selbsterkenntnis und nach ihr auch zu leben, war unheimlich schwer. Ich habe mir Hilfe bei einem Psychologen gesucht. Der hat mir Lebenswege aufgezeigt, die für mich möglich waren.

Ich habe die Erfahrung gemacht, dass Ehrlichkeit am Ende immer siegt. Man hat ja eine enorme Verantwortung gegenüber der Ehefrau und den Kindern. Das ist auch der Grund, warum viele schwule Väter und Verheiratete Angst davor haben, sich zu outen. Zerstöre ich deren Leben? Mache ich die Familie kaputt? Diese Angst sitzt tief.

Wenn man den ehrlichen Weg geht, ist es für alle Beteiligten am Anfang sehr schwer. Aber es wird noch viel schwerer, wenn man unehrlich ist. Meine Frau war damals der erste Mensch, mit dem ich darüber gesprochen habe. Das war natürlich ein schwieriges Gespräch. Sexuellen Kontakt mit Männern hatte ich erst nach diesem Gespräch. Als wir uns dann getrennt haben, waren meine Kinder 14 und 16 Jahre alt. Meine Exfrau und ich haben von Anfang an mit offenen Karten gespielt und unseren Kindern die neue Lebenssituation erklärt. Die Kinder haben die Trennung relativ gut verarbeitet, weil wir beide für sie da waren. Die Kinder hatten keine Probleme mit dem Lernen, wohl aber im Umgang mit Lehrern und Mitschülern. Gerade in der Pubertät war das extrem. Einen Teil ihrer Freunde haben sie verloren, meine Frau und ich übrigens auch. Es kam vor, dass die Kinder nicht mehr zu Kindergeburtstagen eingeladen wurden, nachdem sich herumgesprochen hatte, dass ein schwuler Vater im Haus ist. Einige haben ihren Kindern verboten, mit meinen Kindern zu spielen.

Heute sind meine Kinder erwachsen. Ich habe ein sehr gutes Verhältnis zu ihnen und auch zu meiner Exfrau. Heute lebe ich in einer festen Partnerschaft mit einem Mann. Weihnach-

ten und die Geburtstage feiern wir alle zusammen: Meine Exfrau, die Kinder, mein Freund und ich.«

Viele Männer mit homosexuellen Neigungen leben unauffällig ein Leben als angeblich Heterosexueller. Sie sind verheiratet und bleiben es oft auch. Aber sie haben Träume ...

Herbert, 57:
»Als verheirateter schwuler Mann ist es mir geglückt, ohne Verbitterungen beide Seiten auszuleben, die Familie und mein schwules Leben. Meine drei erwachsenen Kinder und meine Frau leben von mir getrennt, wir besuchen uns aber, tauschen uns aus und lösen alle Probleme gemeinsam. Mein heutiges Leben ist sehr interessant geworden dadurch, dass ich viele homosexuelle Menschen kennengelernt habe, die ihre Liebesbeziehungen auch offen ausleben. Ich lebe ohne Schuldgefühle und fühle mich freier als vorher. Es ist schön, mit 57 Jahren so viel Neues erleben zu können. Das verdanke ich auch der geistigen Beweglichkeit.
Meine Homosexualität habe ich erst sehr spät, nach über zwanzig Ehejahren entdeckt. Zunächst habe ich meine neu entdeckte Neigung vor meiner Familie geheim gehalten. Mein Anderssein begann damit, dass ich heimliche Wünsche hatte, die sich in Träumen offenbarten, nämlich mit Männern zusammen zu sein. Es war vorher nicht unterdrückt, sondern bekam erst dann seine Bedeutung. Ich habe in der ersten Lebensphase ein ehrliches Leben als Heterosexueller geführt und mich nicht als schwul empfunden – bis auf die Träume.
Dann galt es, Angst zu überwinden, Mut zu zeigen, den Menschen, mit denen ich umgehe, zu sagen, wie ich denke und fühle. Das fing an, als ich begann, auf Anzeigen zu

antworten. Ich lernte Menschen aus allen Bildungsschichten kennen und lernte von ihnen, dass es möglich ist, Ja zu sich und seinem Anderssein zu sagen.

In meiner Ehe habe ich glückliche Zeiten erlebt, meiner Frau habe ich viel zu verdanken und ich möchte sie aus meinem Leben nicht wegdenken. Aber ich weiß nicht, ob sie mit mir zusammengeblieben wäre, wenn ich ihr früher offenbart hätte, dass ich meine Homosexualität offen leben will. Ich habe es so lange wie möglich geheim gehalten, bis die Kinder groß waren, damit ich es ihnen erklären konnte. Ich hatte die Befürchtung, meine Kinder könnten unglücklich werden, weil sie damit nicht klarkämen. Ich war sogar bereit, zu lügen, um den Kindern Verletzungen zu ersparen. Was ich zuvor bei anderen erlebt habe, hätte selbstverständlich auch meine Kinder betroffen: die Ausgrenzung von Schwulen und ihrer Familie in einer Kleinstadt.«

Was aber bedeutet es für Kinder, einen schwulen Vater oder eine lesbische Mutter zu haben? Bedeutet es überhaupt etwas? Ein Familienmitglied mit »sexueller Normabweichung« ist dreifach Konflikten ausgesetzt: Einmal muss der Partner mit dieser Tatsache zurechtkommen, zweitens die übrige Familie, insbesondere die Kinder, und drittens das soziale Umfeld, also Freunde, Bekannte, Kollegen Nachbarn usw. Alle haben eine eigene Meinung zu diesem Thema. Im folgenden Beispiel wird das Problem aus der Sicht eines Kindes geschildert:

Julia, 17:
»Eigentlich dachte ich immer, wir wären eine recht glückliche und zufriedene Familie. Doch das ganze Bild hat sich etwas geändert, als ich in meinem 14. Lebensjahr herausfand, dass mein Vater wohl eine Neigung an sich hat, die ich nicht

verstehen konnte. Er ist schwul. Mit dem Thema Schwulsein kommt man nicht sehr gut zurecht, wenn man gerade mal 13 Jahre alt ist. Mir war es einfach nur peinlich, und ich habe es nur wenigen guten Freunden erzählt, weil ich mich einfach für meinen Vater geschämt habe, dass er anders ist. Es wäre mir sehr viel leichter gefallen, wenn er sich ›nur‹ für andere Frauen interessieren würde, das wäre irgendwie normaler.

Indem ich länger darüber nachdachte, kamen mir viele Fragen in den Kopf: Warum ist er nicht normal? Warum steht er auf Männer und nicht auf Frauen? Warum sind ihm andere Sachen wichtiger als die Familie? Ist diese Neigung nur von kurzer Dauer oder langfristig? Wird er sich für das Leben als Schwuler entscheiden oder für das Leben in der Familie? Wird er wirklich ausziehen?

Diese Fragen blieben fast alle offen, bis er ausgezogen ist. Er konnte noch nie gut über seine Gefühle sprechen und wahrscheinlich war er selbst sehr verwirrt, sodass ich am Anfang eigentlich nur mit meiner Mutter und meinem Bruder (damals 16 Jahre alt) darüber gesprochen habe. Aus Scham hat meine Mutter Papas Neigung vor der übrigen Familie geheim gehalten und seinen Auszug damit begründet, dass sie sich auseinandergelebt hätten.

Mein Vater hatte Angst, mit uns Kindern über dieses Thema zu sprechen. Irgendwann, auf Drängen meiner Mutter, sprach er dann doch mit uns. Kinder haben das Recht, Antworten auf ihre Fragen zu bekommen und dass darüber familienintern gesprochen wird. Man muss den Kindern die Chance geben, den Vater und seine Neigung zu verstehen, damit sie das Erlebte auch verarbeiten können.

Als ich dann erfuhr, dass Papa einen festen Freund in Berlin hat, war das schon ein sehr komisches Gefühl. So gut wie jedes Wochenende ist mein Vater nach Berlin geflogen und hat seine Familie vernachlässigt. Ich konnte mir nicht vorstellen, dass es für meinen Vater wichtiger wäre, sich mit einem Mann zu treffen, als bei seiner Familie zu sein. Als sich meine Eltern endgültig trennten und mein Vater mit seinem Freund zusammenzog, war das sehr hart für meinen Bruder und mich. Inzwischen ist das schon Jahre her. Gefühlsmäßig kann ich inzwischen gut dazu stehen: Ich liebe beide Elternteile so wie sie sind, ob hetero oder homo.«

Auch homosexuelle Frauen haben meist zunächst in heterosexuellen Beziehungen gelebt, bis sie sich – oft erst nach vielen Jahren – ihrer gleichgeschlechtlichen Orientierung bewusst wurden. Der Druck der Geheimhaltung ihrer geschlechtlichen Veranlagung lässt erst dann nach, wenn sie das Selbstbewusstsein finden, sich gegenüber ihrem sozialen Umfeld zu bekennen: das Coming-out. Wenn Kinder vorhanden sind, ist es wichtig, dass diese nicht damit belastet werden, die wahren familiären Verhältnisse gegenüber der Umgebung verheimlichen zu müssen.

Ein Beispiel:

Carola, 19, wuchs in einem Frauenhaushalt auf. Ihren Vater vermisste sie kaum. Ihr Problem dabei war bloß: Wie würden die Klassenkameradinnen reagieren?

»Ich bin froh, dass mein Leben genau so verlaufen ist. Es war nicht immer einfach. Aber wäre irgendwas anders gekommen, würde mir heute auch viel von meinem Mut fehlen.«

Carola hat im vergangenen Jahr ihr Abitur gemacht, begann ein Volontariat bei einem Fernsehsender und ist gerade von zu Hause ausgezogen. Ihr altes Zuhause, das war eine gemütliche Wohnung am Stadtrand von Berlin. Sie lebte dort in einer Familie mit zwei Frauen, einer sogenannten »Regenbogenfamilie« und erlebte ihre Pubertät bei lesbischen Eltern.

Carola, 19:

»Angefangen hat das mit meiner Mutter, als ich 14 Jahre alt war. Ich entdeckte, dass meine Mutter auf Frauen steht. Schockiert hat mich das nicht. Die Veränderung fiel mir nicht schwer. Julia, Mamas Geliebte, passte wunderbar in unsere kleine Familie. Seitdem muss ich aber meinem Freundeskreis beibringen, dass ich homosexuelle Eltern habe. Das geht am besten ganz direkt, ohne Umschweife. Ich dachte mir immer, wenn du selbstbewusst damit umgehst und die Liebe zwischen deinen Müttern nicht infrage stellst, dann akzeptiert das auch jeder andere um mich herum. Wenn ich also eine Freundin mit zu mir nehmen will, kündige ich die ungewohnte Überraschung vorher beiläufig an. Ich sage dann etwa einen Tag vorher: ›Ach übrigens, meine Mutti lebt mit einer Frau zusammen. Die lieben sich.‹ Zuerst sind meine Freunde total baff, dann finden sie ihre Sprache wieder und sagen als Erstes: ›Cool‹. Im Alltag in einer so ›besonderen‹ Familie‹ gibt es, wie in jeder anderen Familie auch, Streitereien und Versöhnung, Kuschelabende und Haushaltspflichten. Ich bin nicht besser oder schlechter aufgewachsen als Kinder aus ›normalen‹ Familien.«

Besonders schwierig scheint es für Töchter zu sein, wenn ihre Mütter jenseits der Silberhochzeit ihre Liebe zu Frauen entdecken. Dazu ein Beispiel:

Marietta, 27:

»In meiner Familie schien alles in bester Ordnung zu sein. Meine Eltern feierten einträchtig ihre Silberhochzeit. Doch danach rückte meine Mutter damit heraus, dass sie sich in eine Frau verliebt habe und mit ihr zusammenleben möchte. Für meinen Vater war das ein Schlag, von dem er sich nie

wieder erholte: wegen einer Frau von seiner Frau verlassen zu werden. Zunächst realisierte er nicht, was meine Mutter ihm offenbart hatte, und unterstellte ihr immer noch, dass es eine Marotte sei, sich in einer anderen Lebensform ›auszuprobieren‹. Er war fest davon überzeugt, dass sie schon eines Tages wieder zur Vernunft kommen und zurückkehren würde. Ich habe das schon realistischer gesehen und meinem Vater geraten, endlich einen Schlussstrich zu ziehen. Nach über drei Jahren hat sich nichts verändert. Meine Mutter lebt glücklich mit dieser Frau zusammen und denkt gar nicht daran, ihre Ehe mit meinem Vater fortzusetzen.
Zugespitzt hat sich die Situation dadurch, dass ich Mutter und meine Eltern somit Großeltern geworden sind. Ich möchte gern, dass mein Kind sowohl geregelten Umgang mit seinem Opa, aber auch mit seiner Oma hat. Leider ist meine Mutter oft sehr unsensibel. Während mein Vater immer allein bei Familientreffen auftritt, will meine Mutter der Familie ihre neue Lebensgefährtin aufdrücken. Mein Vater und ich empfinden Widerstand, weil diese Frau ja schließlich die ›Wurzel allen Übels‹ ist. Mein Vater und ich haben versucht, ihr klarzumachen, dass ihre Lebensgefährtin nichts mit unserer Familie zu tun hat und sie bitte verstehen möge, dass eine Konfrontation mit ihr für meinen Vater und mich unzumutbar ist.
Im vergangenen Jahr zu Weihnachten kam sie dann allein am zweiten Feiertag zum gemeinsamen Mittagessen. Sie kam mit einem vorbereiteten Festmenü, das ihre Lebensgefährtin zubereitet hatte. Weder mein Vater noch ich brachten es fertig, etwas davon auch nur anzurühren.«

Inzest

Inzest oder »Blutschande« bezeichnet die sexuellen Beziehungen zwischen engen Verwandten. Das strenge Verbot des Inzests besteht in fast allen Kulturen. Im Gegensatz zur Homosexualität, die seit 1994 nicht mehr strafbar ist (siehe S. 125), steht bei uns der Geschlechtsverkehr zwischen Verwandten sowie zwischen Geschwistern nach § 173 StGB unter Strafe. Trotzdem gibt es auch in unserer Gesellschaft sexuellen Missbrauch und Inzest. Im Folgenden gehe ich nicht auf inzestuöse Beziehungen beispielsweise von Schwester und Bruder ein, sondern nur auf solche von erwachsenen Familienangehörigen zu Kindern der Familie.

So unfassbar es scheint, für viele Mädchen und Jungen ist es Wirklichkeit: Sie werden vom Vater, vom Großvater, Onkel, Bruder, vom guten Freund, der »praktisch zur Familie« gehört, manchmal auch von der Mutter oder Tante sexuell missbraucht, von Menschen, denen sie vertrauen, die sie lieben, von denen sie existenziell abhängig sind. Dort, wo sie ganz besonders Geborgenheit und Sicherheit erhalten sollten, sind sie sexuellem Missbrauch ausgeliefert. Für viele betroffene Mädchen und Jungen beginnt der sexuelle Missbrauch durch Familienangehörige besonders früh, manchmal schon im Säuglings- und Kleinkindesalter. Der Täter tarnt die Übergriffe oft als Spiel, als Hinwendung zur Pflege oder als körperliche Untersuchung. Er fädelt solche »Spiele« so raffiniert ein, dass das Kind vollkommen verwirrt ist, an der eigenen Wahrnehmung zweifelt und schweigend leidet.

Gerade ein Familienangehöriger hat viele Möglichkeiten, sich das Schweigen des Mädchens oder des Jungen zu sichern, indem er die Liebe und Abhängigkeit ausnutzt. Er kennt alle Vorlieben, Schwächen und Bedürfnisse des Kindes und kann es erpressen. Eine solche Erpressung kann sich beispielsweise so anhören: »Wenn du unser Geheimnis verrätst, komme ich ins Gefängnis, deine Geschwister und du, ihr kommt ins Heim, die Mama ist dann allein und hat kein Geld und du bist schuld!«

Diese Vorstellung ist unerträglich für ein Kind und so suchen Mädchen und Jungen oft die Schuld bei sich selbst – was sie manchmal auch eingeredet bekommen, wie das vorige Beispiel zeigt –, und glauben den Ausreden der Täter. Hinzu kommt, dass sie sich für den Zusammenhalt der Familie verantwortlich fühlen, und schweigen, weil sie glauben, es sei ihre Schuld, wenn die Familie auseinanderbricht.

Sexuelle Übergriffe fangen stets im Kleinen an. Da die Täter aus der Familie oder dem engsten Umfeld des Opfers stammen, haben sie meist leichtes Spiel.

Antonia, 59:
»Mein Vater war selbstständig und beschäftigte als Aushilfskraft auf Stundenbasis einen Onkel. Wenn Hochdruck herrschte, war mein Vater auf ihn angewiesen. Dieser Onkel versuchte gelegentlich, sich mir auf eine unheimliche Weise zu nähern. Ich war damals etwa 13 Jahre alt und total unbedarft. Für mich war es außerhalb jeglicher Vorstellungskraft, dass dieser Onkel etwas tun oder von mir wollen könnte, was nicht in Ordnung gewesen wäre. Eines Tages – mir war der Schulbus weggefahren – nahm er mich in seinem Auto mit. Als er aber nicht die bekannte Strecke nach Hause fuhr, sondern in einen einsamen Waldweg abbog, wurde es mir mulmig. Er stellte den Motor ab, grinste mich an und begann, mir unter den Rock zu fassen. Ich wehrte mich dagegen und suchte nach einem Ausweg aus dieser Situation. Schließlich rettete ich mich mit einer Notlüge: ›Ich habe meiner Mutter gesagt, dass ich heute nicht mit dem Schulbus

nach Hause komme, weil du mich mitnimmst. Du kannst dir ja vorstellen, was passiert, wenn ich nicht rechtzeitig zu Hause bin.‹ Diese Drohung bewirkte, dass er von mir abließ und mich nach Hause fuhr.

Die nachfolgende Zeit versuchte ich, diesem Onkel aus dem Weg zu gehen und eine Begegnung zu vermeiden. Ich schämte mich, obwohl ich nichts Schlimmes gemacht hatte. Irgendwann, als meine Eltern sich so lobend über den Onkel äußerten, brach es aus mir heraus: ›Ihr kriegt doch nur das mit, was euch wichtig ist. Der Onkel ist ein Schwein, der seine Finger nicht bei sich behalten kann.‹ Daraufhin wurden meine Eltern hellhörig und wollten wissen, wie ich denn so etwas sagen könne. Ich erzählte, was ich erlebt hatte, und ich hoffte natürlich, dass das Konsequenzen haben würde und meine Eltern den Onkel zur Verantwortung ziehen würden. Aber weit gefehlt! Dieser Onkel arbeitete nach wie vor für meinen Vater, als sei nichts passiert und alles in bester Ordnung. Ich fühlte mich von meinen Eltern, von denen ich Schutz erwartet hatte, enttäuscht und im Stich gelassen.

Es dauerte nicht lange, bis ich zu meiner Tante zitiert und regelrecht verhört wurde. Meine Mutter hatte das, was ich erlebt hatte, meiner Oma erzählt und die wiederum meiner Tante. Anstatt die Sache mit dem Onkel zu klären, missbrauchte auch noch meine Mutter mein Vertrauen und sorgte dafür, dass die Geschichte weitere Kreise zog. Ich fühlte mich wie auf der Anklagebank. Geglaubt hat man mir letztlich nur deshalb, weil der Onkel es auch bei einem anderen Mädchen aus unserem Dorf versucht hatte und ›aufgeflogen‹ war. Ein für alle Mal war das Vertrauensverhältnis zwischen meinen Eltern und mir zerstört. Nie wieder habe ich mich ihnen anvertraut.«

Wohin hätte sich Antonia, die in einem Dorf lebte, wenden sollen? Wem außer ihren Eltern hätte sie sich anvertrauen können? Wäre das, was Antonia erlebt hat, im Dorf bekannt geworden, wäre nicht der Täter geächtet worden, sondern die dörfliche Gesellschaft hätte Antonia als *verdorbenes Mädchen* abgestempelt. Vielleicht war die *doppelte Moral* der Nachkriegszeit auch ein Grund dafür, dass Antonias Eltern den Vorfall ignorierten und zur Tagesordnung übergingen. Möglicherweise war es auch ihre persönliche Unfähigkeit, mit diesem Thema umzugehen. Im Endeffekt haben Antonias Eltern ihre Tochter nicht beschützt. Antonia versteht noch heute nicht, warum ihre Eltern sie so im Stich gelassen haben und den Onkel nach wie vor, als sei nichts passiert, für sich arbeiten ließen.

Inzest kommt in allen Gesellschaftsschichten vor und zieht sich oft über Monate und Jahre hin. Viele Väter, die ihre Töchter in inzestuöse Beziehungen verwickeln, betrachten sie als ihren Besitz. Sie glauben, dass ihre Kinder auch für sexuelle Kontakte verfügbar seien und halten dies für unschädlich. Manchmal werden sie durch pornografische Medien bestärkt, die oft auch den Anstoß für sexuelle Übergriffe an Kindern geben. Wenn Eheleute sich entfremdet haben, dienen Kinder auch als Partnerersatz, um das eigene Bedürfnis nach Intimität und Nähe zu befriedigen. Familienangehörige missbrauchen Kinder nur selten unter Einsatz von Gewalt. In den häufigsten Fällen versuchen sie, die Kinder schrittweise zu immer intimeren Aktivitäten zu verführen. In anderen Fällen erpressen sie ihre Kinder, indem sie sexuelle Handlungen als Zeichen der Zuneigung fordern. Oft versprechen sie ihnen aber auch Belohnungen, verpflichten ihre Kinder zur Geheimhaltung oder drohen mit Strafen.

Es ist unvorstellbar, dass die meisten Mütter vom Missbrauch ihrer Kinder wissen, aber nichts dagegen unternehmen aus Angst vor dem Zerfall der Familie. Sie schützen ihre Kinder nicht und ignorieren deren Signale, einerseits, weil sie Angst vor ihren Partnern haben, andererseits, weil sie Konsequenzen oder gar einen Skandal befürchten.

Missbrauchte Kinder leiden nicht nur körperlich, sondern mehr noch unter seelischen Qualen. Sie entwickeln Schuldgefühle, Scham, Verwirrung, regressives Verhalten, ziehen sich zurück, leiden unter Schlafstörungen, psychosomatischen Beschwerden und Depressionen oder entwickeln Zwangshandlungen, unter denen sie ein Leben lang leiden.

Wird der sexuelle Missbrauch aufgedeckt, kommt es in den meisten Fällen zu einer Familienkrise. Fast immer leugnet der Vater die Tat oder beschuldigt das Kind. Meistens wird der Vorfall vertuscht, weil die Familienmitglieder eine Gerichtsverhandlung, einen möglichen Gefängnisaufenthalt und das damit verbundene öffentliche Aufsehen vermeiden wollen. Eine Seminarteilnehmerin, die als Jugendliche von ihrem Großvater missbraucht worden ist, erzählt von ihrem Trauma :

Marina, 37:
»Als ich 15 war, wurde ich zum ersten Mal von meinem Opa missbraucht. Obwohl das alles bereits Jahrzehnte zurückliegt, belastet mich das heute noch sehr. Es fing damit an, dass mein Opa mich im Wald zwang, ihn mit der Hand zu befriedigen. Später hat er mich zum Geschlechtsverkehr gezwungen. Meine Leidensgeschichte ging über Jahre. Opa kam immer überraschend zu Besuch und zwar immer dann, wenn ich allein zu Hause war. Für mich gab es kein Entrinnen, denn oft passte er mich schon am Schultor ab. Dann musste ich immer mit ihm in den Wald fahren. Noch heute habe ich Angst, wenn jemand an der Haustür klingelt. Die schlimmsten Albträume aber kommen auch heute noch nachts. Ich träume immer noch von meiner damali-

gen Angst, dass ich schwanger werden könnte. Meine Eltern haben nichts gemerkt und noch weniger begriffen, was mit mir los war. Ich war plötzlich wie ausgewechselt, hatte keine Lebensfreude mehr und konnte nicht mehr unbefangen fröhlich sein. Ich konnte meine Eltern nicht ins Vertrauen ziehen, weil ich dachte, dass für die dann eine Welt zusammenbrechen würde, und das wollte ich ihnen nicht zumuten. Immerhin hat mich der Vater meiner Mutter missbraucht. Wenn ich etwas gesagt hätte, wäre er ins Gefängnis gekommen. Obwohl ich eingeschüchtert war und Angst davor hatte, habe ich irgendwann den Versuch unternommen, mich gegen den sexuellen Missbrauch durch meinen Opa zu wehren. Ich habe ihn noch nie so wütend erlebt. Er drohte mir damit, alles abzustreiten und beschimpfte mich als verkommenes Flittchen. Er setzte mich damit unter Druck, meinen Eltern zu erzählen, dass ich ihn verführt und erpresst hätte, dass ich Geld von ihm verlangt hätte und dass er unschuldig sei. Er ging sogar so weit, mir anzudrohen, dafür zu sorgen, dass ich in ein Heim für schwer erziehbare Kinder käme. Ihm war kein Trick zu mies. Ich war total verunsichert und hatte nur noch Angst. Aber mein Nein gegen einen weiteren Missbrauch zeigte Wirkung. Er hat danach doch von mir abgelassen. Wenn es sich irgendwie machen ließ, ging ich ihm aus dem Weg. Inzwischen lebt mein Opa schon lange nicht mehr, aber ich bin immer noch nicht frei von diesen Erlebnissen.«

Inzest zerstört die Fähigkeit zu vertrauen. Betroffene Kinder haben es einerseits sehr schwer, Selbstvertrauen zu entwickeln, und andererseits anderen Menschen ohne Misstrauen zu begegnen. Die Gründe für die fehlende oder gestörte Fähigkeit, Vertrauen zu anderen Menschen aufbauen zu können, sind vielschichtig:[49]

Zum einen ist da die *Zerstörung der Intimsphäre des Kindes*: Da der Täter sich zu jeder Zeit und zu jeder beliebigen Gelegenheit des Kindes »bedient«, lebt das Kind in einer Atmosphäre permanenter Angst vor Übergriffen. Es hat keinen sicheren Zufluchtsort, keinen Ort der Geborgenheit. Das sich daraus entwickelnde Gefühl der Ohnmacht und Ausweglosigkeit führt häufig zu Depressionen und Selbstmordgedanken.

Zum anderen geht Missbrauch mit der *Zerstörung des Selbstwertgefühls* einher: Das missbrauchte Vertrauen zerstört auch die Selbstachtung. Weil die Opfer »benutzt« werden und sich auch so fühlen, gehen sie nur misstrauisch auf jeden zu, der neu in ihr Leben tritt, in der Erwartung, wieder ausgebeutet zu werden. Da sich Opfer sexueller Gewalt kein gesundes Selbstwertgefühl aufbauen konnten, laufen sie immer wieder Gefahr, Opfer zu werden. Der Mangel an Selbstvertrauen und Selbstachtung führt bei Opfern sexuellen Missbrauchs zu Unterwürfigkeit und zur Unfähigkeit, ihre Gefühle auszudrücken. Sie unterdrücken Ärger, Wut und Hass, was nicht selten zu Aggression führt, die sie gegen sich selbst richten (Autoaggression).

Zusammenfassend kann festgestellt werden, dass sexueller Missbrauch durch Familienangehörige zu einer gestörten Identitätsentwicklung der Kinder führt.

Kinder, die von ihren Eltern oder nahestehenden Verwandten sexuell ausgebeutet wurden, benötigen eigentlich eine therapeutische Langzeitbegleitung. Die bekommen sie aber nicht, weil sich das Verbrechen an ihnen hinter der Fassade einer »heilen Familie« abspielt und die Geschehnisse totgeschwiegen werden.

Jedem Opfer ist hier zu raten, sich an entsprechende Einrichtungen oder einen Psychotherapeuten zu wenden und sich damit professionelle Hilfe zu holen. Therapeuten helfen Missbrauchsopfern, das Erlebte in Worte zu fassen. So können sie die Last des Erlebten anderen mitteilen – eine wichtige Erleichterung, denn nun trägt ein anderer ihr Trauma mit. Missbrauchte Kinder versuchen durch Andeutungen zu umschreiben, was ihnen passiert ist. Therapeuten helfen ihnen dann dabei, behutsam und in kleinen Schritten, das auszusprechen, was sie ohne Hilfe nicht können. Therapeuten formulieren es ihnen vor, sodass sie dann nur noch sagen müssen: »Ja, genau so ist es, aber ich konnte es nicht sagen.«

Marita, 45:
»Ich wuchs bis zu meinem zehnten Lebensjahr in einem Gebäude aus Lügen und Geheimhaltung auf. Einen Tag, bevor mein Vater wieder nach Hause kommen sollte, konfrontierte die Frau, die ich für meine Mutter hielt, mich brutal mit der Wahrheit: ›Morgen kommt ja dein Vater wieder – aber der kommt nicht aus dem Krankenhaus wieder, wie ich immer gesagt habe, sondern er kommt aus dem Knast wieder. Er hat deiner ältesten Schwester ein Kind gemacht. Dieses Kind bist du. Das ist Blutschande, und in dir habe ich immer die Sünde meines Mannes vor Augen gehabt.‹
Blutschande, Sünde – mit diesen Begriffen konnte ich als Zehnjährige nichts anfangen. In meinem Kopf herrschte Chaos, alles wirbelte durcheinander.
Mein Vater kam zurück ins Elternhaus und auch meine Schwester lebte inzwischen wieder zu Hause. Hinter der familiären Fassade ging der Missbrauch weiter, bis mein Vater erneut ins Gefängnis kam. Mir erzählte er, dass das passiert sei, weil er seine Tochter so sehr geliebt habe. Als ich meine leibliche Mutter nach einer jahrelangen Kontaktsperre traf, sagte sie mir, sie sei über Jahre von ihrem Vater vergewaltigt worden. Erst zu diesem Zeitpunkt musste ich mich mit der

Realität konfrontieren, dass ich das Produkt eines Verbrechens bin. Ich habe mich elend gefühlt und als ein Nichts, das keine Daseinsberechtigung hat.«

Ein furchtbarer Missbrauchsfall schockierte am 28. April 2008 Österreich und die ganze Welt. Es wurde bekannt, dass eine Tochter von ihrem Vater jahrzehntelang in einem Kellerverlies gefangen gehalten und missbraucht worden war. Ihre Mutter will davon nichts gewusst haben.

Der inzwischen 73-jährige Josef F. gestand, seine Tochter Elisabeth im Keller seines Hauses versteckt, missbraucht und mit ihr sieben Kinder gezeugt zu haben. Der ehemalige Elektrotechniker hatte seine heute 42 Jahre alte Tochter seit August 1984, ab ihrem 11. Lebensjahr, regelmäßig missbraucht. Offiziell hatte der Mann seine Tochter als vermisst gemeldet. Von den sieben Kindern, die Elisabeth zur Welt brachte, starb eines nach der Geburt. Drei der Kinder mussten mit ihrer Mutter in Gefangenschaft leben, waren behördlich nicht gemeldet und gingen nicht zur Schule. Die drei anderen lebten bei Josef F. und seiner Frau, die von alledem nichts mitbekommen haben will.

Fassungslos fragt man sich, wie das alles, unbemerkt von Ehefrau und Umfeld, passieren konnte. Josef F. führte ein perfektes Doppelleben und hatte ein raffiniertes, glaubhaftes Lügengebäude aufgebaut. Er hatte in den vergangenen Jahrzehnten Polizei und Öffentlichkeit immer wieder mit Erzählungen getäuscht, behauptet, seine Tochter sei verschollen und lebe vermutlich bei einer Sekte.

Mit handgeschriebenen Briefen seiner Tochter untermauerte der Vater seine Geschichte von der untergetauchten Tochter. In ebensolchen Briefen belegte er auch, dass die Kinder, die er vor seiner Haustür fand, die Kinder dieser Tochter waren, die sie den Eltern – nachts und heimlich – zur Pflege brachte. Die

Nachbarn wollen nichts mitbekommen haben. Sie beschrieben den heute 73-jährigen Mann als unauffällig und freundlich.

Dieser Fall wurde nur zufällig bekannt und, weil er so spektakulär war, in allen Medien vor der Öffentlichkeit ausgebreitet. Die Zahl der nicht entdeckten Missbrauchsfälle dürfte aber sehr hoch sein, weil der Zwang zur Geheimhaltung bei diesem Delikt besonders groß ist. Vieles wird totgeschwiegen, weil man sich der Familie gegenüber zur Solidarität verpflichtet fühlt. Mädchen trauen sich nicht, das schlimme Familiengeheimnis zu lüften, weil sie sich zum Täter in einer psychischen Abhängigkeit befinden. Hier findet eine Identifikation mit dem Angreifer, dem Täter statt. Das macht es den Tätern leicht, unentdeckt zu bleiben. »Du darfst niemandem sagen, was zwischen uns passiert ist. Das ist unser Geheimnis.« Das Kind hält sich zurück, etwas zu sagen, denn es liebt den Vater und vertraut ihm. Außerdem will es nicht dafür verantwortlich sein, dass der Vater ins Gefängnis muss. Es schweigt und erleidet Höllenqualen. Besonders schlimm ist es, dass es sogar Mütter gibt, die vom Missbrauch ihrer Tochter wissen, aus Angst vor Konsequenzen schweigen und dem Leiden ihrer Töchter untätig und unbeteiligt zuschauen.

Kriegs- und ideologiebedingte Familiengeheimnisse

Die Nazi-Vergangenheit des eigenen Vaters

Die Zeit von der Machtergreifung Hitlers 1933 bis zur Kapitulation 1945 gehört bekanntlich zu den dunkelsten Kapiteln deutscher Geschichte. Aber das Interesse, sich über diese Zeit ein zutreffendes Bild zu machen, war und ist je nach Generationszugehörigkeit mehr oder weniger stark ausgeprägt. Es lassen sich drei Generationen unterscheiden:

1. *Die Kriegseltern*, die auch die »Tätergeneration« genannt werden. Sie waren verantwortlich für den Wahlsieg Hitlers, nahmen am Zweiten Weltkrieg direkt oder indirekt teil und unterstützen so das Naziregime. Hierzu zählen die Jahrgänge 1910 bis 1925.
2. *Die Kriegskinder.*[50] Sie sind in den letzten Kriegsjahren noch eingezogen worden oder haben als Kleinkinder Flucht und Bombennächte erfahren müssen. Es sind die Jahrgänge 1926 bis 1945.
3. *Die Nachkriegskinder.* In den Fünfzigerjahren begann in Westdeutschland das sogenannte Wirtschaftswunder. Damit war die Nachkriegszeit beendet. Deshalb umfasst die Generation der Nachkriegskinder die Jahrgänge von 1946 bis etwa 1950.

Die Generation der Kriegseltern stirbt in den nächsten Jahren aus. Daher ist es so wichtig, gerade mit ihnen über ihre Erlebnisse vor und während der Nazi-Diktatur zu sprechen. Die Schwierigkeiten erwachsen daraus, dass sie entweder überhaupt nicht darüber sprechen wollen, dass sie behaupten, diese Zeit könne nur jemand verstehen, der in ihr gelebt habe, oder dass sie Tatsachen bestreiten oder beschönigen. Eine Erklärung für dieses Verhalten gibt der Psychologe und Psychotherapeut Müller-Hohagen:[51] Je mehr verleugnet, verdrängt und verschwiegen werde, umso tiefer seien die Traumata, die Ängste, Schuldgefühle oder Depressionen.

Hierzu ein Beispiel aus der Familie meines Mannes: 1957 sah mein Mann, Jahrgang 1940, in einem Programm-Kino den Film *Bei Nacht und Nebel*, in dem das Grauen von Auschwitz gezeigt wurde. Er kam aufgewühlt und entsetzt nach Hause und erzählte seinen Eltern, Jahrgang 1916 und 1918, von den schrecklichen Bildern, von den Bergen von Brillengestellen und

Haaren und Schuhen. Seine Eltern wiegelten ab: Dieser Film könne nur das Machwerk der Propaganda sein. Es ließe sich so vieles mit Filmen behaupten, was nicht stimme. Ein Besuch von Auschwitz oder anderen Konzentrationslagern zeigt aber jedem, der es wissen will, dass es sich leider um schreckliche Tatsachen und nicht um Fälschungen irgendwelcher Propaganda handelt.

Auch die Generation der Kriegskinder hat jahrelang über ihre Erlebnisse geschwiegen. Die psychischen Schäden der Kriegskinder beruhen vor allem auf traumatischen Erlebnissen während des Krieges. Aber auch nach dem Krieg haben viele Kinder unter gestörten Familienverhältnissen oder dem Verlust der Familie gelitten. Meistens haben sie es vermieden, über den Krieg zu sprechen, was diese Menschen nachhaltig bedrückt. Darüber, was der Ehemann, was die Ehefrau im Krieg getan hatten, ist nie geredet worden. »Am besten nicht dran rühren« war die Devise. Die Erwachsenen haben geschwiegen, und die Kinder erst recht. Jetzt, da die Kriegskinder im Ruhestand sind, haben sie genug Zeit zum Grübeln, jetzt möchten sie endlich über ihr Elend sprechen.

Die erste große Auseinandersetzung mit der Nazizeit wurde von der Generation der Nachkriegskinder in der 1968-Bewegung gefordert. Aber erst mit dem Gedenktag zum 60. Jahrestag des Kriegsendes am 8. Mai 2005 setzte eine erstaunliche Resonanz und Bereitschaft der Betroffenen ein, über die schrecklichsten Erlebnisse ihres Lebens zu sprechen. In Fernsehberichten und -serien, Rundfunkbeiträgen, in Bücher- und Zeitschriftenbeiträgen berichteten Zeitzeugen über ihre damaligen Erlebnisse.[52]

Am größten ist das Interesse an der Nazizeit noch bei den Menschen, die den Krieg nicht mehr bewusst miterlebt haben, also ungefähr ab Jahrgang 1940, aber deren Großeltern oder Eltern noch »Täter« oder »Opfer« waren. Es ist davon auszugehen, dass bei den nachwachsenden Generationen das Interesse an der NS-Zeit allmählich abklingt.

Um Licht in das Dunkel der eigenen Familie während der NS-Zeit zu bringen, ist es manchmal notwendig, selbst zu recherchieren. So ging es Amelie Fried.[53] Sie wusste nichts über ihre Familie, insbesondere über ihren Vater und was er in dieser Zeit getan hatte, denn in ihrer Familie war die Nazi-Zeit tabu. Sie begann zu recherchieren und entdeckte eine dramatische Familiengeschichte:

Mittelpunkt der Ulmer Familie Fried ist das etablierte Schuhhaus Pallas, das der jüdische Großvater zu Beginn der Nazi-Zeit noch halten kann. Doch die Schließung konnte er auf Dauer nicht abwenden. Danach folgt eine familiäre Katastrophe, der Kampf ums finanzielle und körperliche Überleben und die Auswanderung oder Deportation vieler Verwandter. Der Großvater ließ sich von der nichtjüdischen Großmutter scheiden und kam ins KZ, Amelie Frieds Vater musste Zwangsarbeit leisten und wurde schließlich ebenfalls in ein KZ deportiert. Der jüdische Großvater und sein Sohn überlebten, sprachen aber nach dem Krieg nicht mehr über ihre Erlebnisse. Das belastete die Familienatmosphäre auf Dauer schwer. Amelie Fried hat Zeugnis abgelegt über eine Zeit, deren Überlebende nicht mehr lange erzählen können.

Das Schweigen der Kriegselterngeneration zu durchbrechen und endlich die ungeschminkte Wahrheit aufzuschreiben, ist auch das Anliegen von Autoren wie Hannes Heer (Jahrgang 1941): *Hitler war's*, Uwe Timm (Jahrgang 1943): *Am Beispiel meines Bruders*, Wibke Bruhns (Jahrgang 1938): *Meines Vaters Land* oder Martin Pollack (Jahrgang 1944): *Der Tote im Bunker – Bericht über meinen Vater*.[54]

In dem Buch *Der Tote im Bunker – Bericht über meinen Vater* setzt sich der ehemalige Spiegel-Autor Martin Pollack mit der Nazivergangenheit seines Vaters auseinander, der als SS-Sturmbannführer eine glänzende Karriere gemacht hatte. Er war Mitglied der Gestapo in Linz und wurde nach 1945 auf die Fahndungsliste für Kriegsverbrecher gesetzt. Sein Sündenregister war beträchtlich. Als Mitglied des Sicherheitsdienstes in Graz war der glühende Nazi für Feindaufklärung und -bekämpfung zuständig. Gemeint waren damit vor allem Partisanen. Ab 1941 stellte der Jurist seine Fähigkeiten bei der Einhaltung und Durchführung der Nürnberger Rassengesetze unter Beweis. Als stellvertretender Leiter der Gestapo in Münster war er für die Deportation von Juden und für die Exekution von Zwangsarbeitern verantwortlich. Ab November 1942 war er einer Einsatzgruppe im Süden Russlands zugeteilt, die in der Kaukasus-Region 90 000 Juden und Kommunisten hinrichtete. Nach Kriegsende irrte der gesuchte Verbrecher ein Jahr lang durch Österreich, bevor er sich nach Südtirol retten konnte. Unter falscher Identität suchte er als Holzarbeiter nach einer Möglichkeit zur Flucht nach Südamerika. Beim Versuch, den Brenner zu überqueren, wurde er von einem Tiroler Schlepper ermordet, seine Leiche wurde in einen Bunker geworfen. *Der Tote im Bunker* beinhaltet nicht nur die Aufarbeitung der Verbrechen des Vaters, sondern konfrontiert den Leser nach und nach mit einer vermutlich noch viel dramatischeren Wahrheit, als sie anhand einer einzigen NS-Karriere aufgezeigt werden kann.

Auch Philippe Grimbert bricht das Schweigen seiner Familie und spricht mit seinem Roman *Ein Geheimnis*[55] den Kaddisch (jüdisches Totengebet) für die in Auschwitz ermordeten Mitglieder seiner Familie. Der Roman ist eine Autobiografie über die jüdische Kindheit des Autors im besetzten Frankreich während des Zweiten Weltkrieges. Philippe Grimbert, 1948 in Paris geboren, kommt erst als Jugendlicher hinter das subtile Geheimnis seiner Familiengeschichte. Louise, eine Freundin seiner Eltern, ist ihm wunderbare Zuhörerin und Freundin zugleich, die ihm eines Tages eröffnet, dass sie Juden sind. Sie weiht ihn nach und nach in die Geheimnisse der Familie ein. Philippe wird später Psychoanalytiker. Dieser Beruf erleichtert ihm den Weg zu seiner eigenen Vergangenheit und zu seinen Eltern. Es ist ein Weg, der über das Verstehen die Bewältigung so vieler Ungereimtheiten in seiner Familiengeschichte ermöglicht.

Dass die Aufdeckung der Wahrheit bei der Spurensuche sehr schmerzhaft sein kann, kommt in vielen Aussagen der Kriegskindergeneration zum Ausdruck:

Helga, 68:
»58 Jahre lang glaubte ich, mein Vater sei zu Unrecht in einem DDR-Gefängnis inhaftiert gewesen. Als ich ihn nach der Wende rehabilitieren wollte und mit einer mühsamen Recherche begann, musste ich feststellen, dass mein Vater nicht Opfer, sondern NS-Täter und Kriegsverbrecher gewesen war. Die Erkenntnis zuzulassen, dass mein eigener Vater schuldig geworden ist, war für mich ein langer und schmerzvoller Prozess.«

Angela, 64:
»Als mein Vater infolge fortschreitender Demenz ins Heim musste und ich seine Wohnung auflösen musste, fand ich Dokumente, aus denen hervorging, dass mein Vater ein 150-prozentiger Nazi war. Ich war schockiert und mein Bild über meinen Vater, der niemals über seine Kriegserlebnisse sprach, änderte sich schlagartig. Wie viele seiner Generation schwieg er. Wie ich den Unterlagen entnehmen konnte, war mein Vater ein übereifriger Anhänger der nationalsozialistischen Ideologie, der schon sehr früh in die NSDAP eintrat und später in die SS.«

Ursula, 69:
»*Ich habe auf eigene Faust Recherchen angestellt, weil ich wissen wollte, was für ein Mensch mein Vater war. Genau genommen wurde ich zu Nachforschungen angetrieben durch ein unaussprechliches Familiengeheimnis. Ich konnte nie von ihm sprechen. Als Kind hatte ich nur gehört, dass er ein Nazi war. Meine Recherchen waren niederschmetternd: Mein Vater war KZ-Kommandant, der 1948 zum Tode verurteilt wurde. Es ist eine lebenslange Bürde, die wir Kinder bis heute tragen. Wir fragen uns immer, warum ausgerechnet er dazugehören musste. Jahrelang durften wir Kinder nicht von unserem Vater sprechen und keine Fragen stellen. Ich habe das Gefühl, dass wir durch strikte Geheimhaltung an der Schuld unseres Vaters mitgetragen haben. Nachdem ich um die Identität und die Schuld meines Vaters weiß, fällt es mir leichter, ehrlich zu bekennen, dass ich die Tochter eines KZ-Kommandanten bin.*«

Im Sommer 1969 steht auf dem Evangelischer Kirchentag in Stuttgart ein Mann vor zweitausend Menschen auf, ruft: »Ich grüße meine Kameraden von der SS!«, setzt eine Flasche Zyankali an die Lippen und trinkt. »Das war Zyankali!«, sagt er noch, bevor er zusammenbricht. Der Selbstmörder, 56 Jahre alt und Apotheker aus Tübingen, war Ute Scheubs Vater.

35 Jahre nach der spektakulären Selbsttötung ihres Vaters findet Ute Scheub, die inzwischen Journalistin geworden ist, auf dem Dachboden des elterlichen Hauses Feldpostbriefe, Manuskripte, Notizen ihres Vaters. Sie hat von den Unterlagen nichts gewusst, vielleicht nichts wissen wollen – jetzt kann sie nicht mehr umhin, sich mit ihnen zu beschäftigen. Sie beginnt, voller Angst und Abwehr, darin zu lesen. Eine erschütternde Spurensuche beginnt 35 Jahre nach dem Tod ihres Vaters. Ihr Buch *Das*

falsche Leben. Eine Vatersuche[56] ist nicht nur eine persönliche Abrechnung mit einem Menschen, der für sie immer ein Fremder geblieben ist. Es beschreibt auch den Lebensweg eines Täters, der mit der eigenen Schuld nicht umgehen konnte und am Ende daran scheiterte.

Die Autorin findet bei der Recherche zu ihrem Buch mehr als nur ein einzelnes Schicksal. Wie viele jener Männergeneration, die das Nachkriegsdeutschland geprägt haben, konnte ihr Vater nicht über seine Erlebnisse im Krieg reden, schon gar nicht mit seinen Kindern. Er sei buchstäblich an seinem Schweigen erstickt, schreibt sie. Ute Scheub stellt sich der schmerzhaften Seiten ihrer Herkunft und erzählt in ihrem Buch ihren lebenslangen Kampf gegen den Schatten des Vaters und die Geschichte ihrer Generation, der Kinder der Täter und Mitläufer. Es ist ein beeindruckendes Dokument einer verzweifelten Vatersuche, das den Leser an der Suche teilhaben lässt, kompromisslos, ohne Beschönigung, ohne Hass, ohne Wut. Dieses Buch kann dabei helfen, die Krankheit des Schweigens begreifen zu lernen. Ute Scheub hat mit ihrer Vatersuche einerseits ihre persönliche Geschichte analysiert und sich andererseits mit dem Verdrängen der Vatergeneration auseinandergesetzt. Sie stellt Fragen über die Auswirkungen der Taten auf die Nachfahren der Täter und insbesondere die wichtige Frage, wie man mit Schuld umgehen kann.

Das Buch von Ute Scheub vermittelt anhand eines Einzelschicksals die Nachwirkungen bis heute. Der Drang der Autorin, unbedingt anders sein zu wollen und alles anders machen zu wollen, bestimmte ihr Leben. Am Ende ihrer schmerzhaften Suche nach ihrer Herkunft kann sie sich aber aus der negativen Symbiose lösen und den Vater in Frieden ruhen lassen.[57]

Lebensbornmütter und Lebensbornkinder

Im Rahmen ihrer Rassenpolitik forderten die Nationalsozialisten möglichst viel Nachwuchs zur Vermehrung der »arischen Rasse«. Deshalb wurde am 12. Dezember 1935 auf Veranlassung des Reichsführers der Schutzstaffel (SS), Heinrich Himmler, der Verein *Lebensborn* gegründet.

Wahrscheinlich wissen viele der Kinder, die in Lebensbornheimen geboren wurden, nicht einmal, dass sie »Lebensbornkinder« sind. Die hier geborenen Kinder waren Kinder lediger Mütter, die dann zur Adoption kinderlosen SS-Ehepaaren zur Pflege und damit zur nationalsozialistischen Erziehung übergeben wurden. Die Mütter waren stramme BDM-Mädels, die dem Führer ein Kind schenken wollten. Die Väter gehörten der SS an und sollten ihre Gene zur Reinerhaltung der arischen Rasse weitergeben. Vor allem in Norwegen, aber auch in Belgien und Frankreich waren Lebensbornheime für Frauen entstanden, die von deutschen Besatzungssoldaten ein Kind erwarteten.

Eines dieser Lebensbornkinder ist Heilwig Weger, deren Leben mit einem Geheimnis beginnt. Das Buch *Kind L 364. Eine Lebensborn-Familiengeschichte*[58] von Dorothee Schmitz-Köster ist eine Lebensborn-Biografie, die auch verfilmt wurde. Das Buch beschreibt die Geschichte des Mädchens Heilwig Weger, das in einem Lebensbornheim zur Welt kam – und an dem bis in die Nachkriegszeit hinein ein Makel haftete. Als Adoptivkind eines Generals der Waffen-SS lasteten die dunklen Schatten ihrer Herkunft auf ihr. Heilwig Wegers Mutter wählte den Suizid. Sie selbst erklärte jahrzehntelang ihre Vergangenheit zum Tabu. Erst mit 70 fand Heilwig Weger die Kraft, ihr Familiengeheimnis aufzuarbeiten:

Heilwig Weger wurde im Lebensbornheim Steinhöring bei München geboren. Ihre Mutter Eleonore von Brüning, eine

Witwe, hatte ein Verhältnis mit einem verheirateten Mann. Im Heim konnte sie ihr uneheliches Kind zur Welt bringen und es versorgen, vorausgesetzt, der Vater war Arier und entsprach den nationalsozialistischen Rassegesetzen. Vier Jahre später heiratet sie nicht den leiblichen Vater, sondern den SS-Obergruppenführer und Himmler-Vertrauten Oswald Pohl. Der adoptierte das Mädchen, das nun in höchsten NS-Kreisen aufwuchs. Dann folgten das Kriegsende und der jähe Absturz. Die Familie floh vor der Roten Armee, der Adoptivvater wurde in Nürnberg zum Tode verurteilt und 1951 hingerichtet. Erst nach der Hinrichtung ihres Vaters erfuhr Heilwig die Wahrheit über ihre Adoption und über ihre Geburt in einem Lebensbornheim.

Heilwig erlebte wegen ihres Adoptivvaters und ihrer Lebensborn-Geburt eine massive Ausgrenzung. Als sie mit 18 endlich ihren leiblichen Vater kennenlernte, fand sie Halt. Und als sie heiratete, war die Welt in Ordnung, bis die eigenen Kinder sie mit der Vergangenheit konfrontieren und alles wieder aufbricht. An Heilwig Wegers Biografie entzündeten sich heftige Familienkonflikte.

In der Schule wurde auch das Lebensbornkind Gisela Heidenreich als »Zuchterfolg« gehänselt, später verarbeitete sie ihr Trauma in zwei Büchern.[59] Gisela Heidenreich litt jahrelang unter dem Gefühl, besser nicht geboren worden zu sein, weil sie unehelich und in einem Lebensbornheim der Nationalsozialisten in Oslo zur Welt gekommen war. 50 Jahre war sie alt, als sie es nicht mehr aushielt: Die Familientherapeutin machte sich auf den Weg nach der eigenen Biografie, gemeinsam mit der greisen, störrischen Mutter, deren Verstrickungen in die Nazipolitik die Tochter aufdecken wollte. Ihr 2004 erschienenes Buch *Das endlose Jahr* ist ein Dokument schmerzhafter Identitäts- und Wahrheitssuche, das die Vorlage lieferte für den in der ARD am 21. Februar 2007 gesendeten Fernsehfilm *Sie ist meine Mutter*.

Das Buch schildert, welches Netz aus Lügen, Verdrängung und Verleugnung ihre Mutter jahrzehntelang fein gesponnen hatte. Erst spät traut sich die Tochter die dahinterliegende Wahrheit von ihrer Mutter einzufordern. Es beginnt ein sensibler Prozess der Auseinandersetzung der beiden Frauen, der trotz aller Schwierigkeiten am Ende dazu führt, dass die Tochter ihre alte Mutter zu sich nimmt und versucht, Frieden mit ihr zu schließen.

In der Autorin löste der nie endende Kampf gegen Lügen, Verdrängung und verstocktes Schweigen traumatisierende Schuldgefühle und oft selbstzerstörerische Zweifel aus wie auch massive Identitätsprobleme. So geht es den meisten Lebensbornkindern. Einige von ihnen suchen noch heute nach ihren biologischen Eltern. Es gehört für betroffene Kinder Mut dazu, herausfinden zu wollen, wer die eigenen Eltern waren, wenn sie nur wissen, dass ihre Erzeuger Nazis waren. Diese arischen Kinder von damals leiden ihr Leben lang unter der Ideologie der Größenwahnsinnigen von einst.

Besatzungskinder

Zu den eher unbekannten Spuren des Zweiten Weltkriegs zählt das Schicksal der Kinder von Besatzungssoldaten. Ein Fernsehdreiteiler des WDR *Deutschen- und Russenkinder* Ende 2006 befasste sich mit diesem Thema.[60]

Der erste Teil beginnt mit den letzten Tagen des Zweiten Weltkrieges in einem kleinen Dorf bei Oranienburg – 50 Kilometer nördlich von Berlin. Hier beginnt die Geschichte von Jan G., gezeugt von (einem) Soldaten der Roten Armee – durch Vergewaltigung. Vier Soldaten waren an der Vergewaltigung beteiligt, jeder könnte der Vater sein. Die Mutter überlebte den Gewaltakt und brachte im Januar 1946 einen Jungen zur Welt. Im Dorf ist er »der Iwan«, »das Russenkind«, er wird gehänselt, gedemütigt und auch geschlagen. Die Schikanen lassen erst nach, als er eine andere Schule in der Stadt besucht. Ein Fall von vielen – vermutlich sind trotz zahlreicher Abtreibungen weit mehr als 100 000 Kinder nach Vergewaltigung der Mutter durch russische Soldaten geboren worden.

Der zweite Teil des Filmes spielt in Thüringen. Dort verliebt sich ein junger sowjetischer Offizier in das junge Mädchen Christa W. Sie wird schwanger. Der künftige Vater bemüht sich bei seinen Vorgesetzten, die Liebesbeziehung zu legalisieren – vergeblich. Er wird in die Sowjetunion strafversetzt. Die künftige Mutter ist erschüttert. Ihr Kind stirbt zwei Monate nach der Geburt. Bis an ihr eigenes Lebensende trägt Christa W. an dem Schmerz über das verlorene »Russenkind« und die uneingelöste Liebe.

Der dritte Teil des Filmes zeigt die Geschichte von Karin und Gabriela S., die in Weimar ohne ihren Vater aufwachsen müssen. Sie dürfen offiziell auch nicht über ihn sprechen – er war Offizier der Roten Armee und wurde für seine Beziehung mit einer deutschen Frau in die Sowjetunion verbannt. Alle Versuche, wenigstens brieflich Kontakt zu ihm aufzunehmen, wurden von den Behörden unterbunden. Das erste Schreiben, das die damals bereits jugendlichen Töchter in Weimar erreichte, stammte von der Familie des Vaters in Moskau und berichtete von seinem Tod unter ungeklärten Umständen.

Sogenannte Russenkinder leiden und litten unter Tabuisierung und Stigmatisierung. Viele wissen bis heute nicht, wer ihr leiblicher Vater ist, oder kennen nicht mehr als einen russischen Vornamen und eine Region in der damaligen Sowjetunion als Herkunft. Zudem trug und trägt die gesellschaftliche Stigmatisierung jener Frauen, die sich auf einen Russen einließen, dazu bei, dass selbst bekannte Daten über den sowjetischen Besatzungssoldaten vor den Angehörigen verheimlicht wurden und immer noch werden.

Die Bezeichnung »Russenkind« war noch in den Sechzigerjahren des 20. Jahrhunderts ein weitverbreitetes Schimpfwort unter Jugendlichen und Kindern, die diesen Begriff von ihren Eltern als Synonym für etwas besonders Verachtenswertes übernommen hatten, vielfach ohne genau zu wissen, was dahinter an Beleidigendem steckte.

Heinz, 61:
»Ich kam 1947 als Sohn eines stationierten russischen Soldaten zur Welt und musste die Erfahrung machen, dass ich als ›Russenkind‹ in den Elternhäusern meiner Freunde unerwünscht war. Ich wurde immer miserabel behandelt. Die Eltern meiner Freunde verjagten mich wie einen Hund. In der Schule griffen Gleichaltrige aus dem Dorf die Bezeichnung ›Russenkind‹ auf und verwendeten es als Schimpfwort.«

Natürlich gibt es Gründe für die Ablehnung der Russen: Einerseits die Vergewaltigungen zu Kriegsende, andererseits begründeten die von den Nazis propagierten rassistischen Feindbilder, des sogenannten »Untermenschen«, die Propaganda über die »Gefahr aus dem Osten« sowie die antikommunistische Stimmung zu Kriegsende die Antihaltung gegenüber Russen. In ländlichen Gegenden, wo jeder jeden kannte, wurde dieses negativ geprägte Russenbild dann auf die Frauen übertragen, die eine Beziehung mit einem Besatzungssoldaten gehabt hatten und auf die Kinder, die solchen Beziehungen entstammten.

Aber auch in Frankreich gab es Besatzungskinder. Die Deutschen hielten Frankreich vier Jahre lang besetzt. Zurückgelassen haben sie schätzungsweise (laut Reportage) 200 000 französische Kinder, die als »Kinder des Feindes« geboren wurden. Obwohl die Kinder nichts dafür konnten, dass ihr Vater ein Deutscher war, wurden sie ausgegrenzt, beleidigt und gedemütigt. Die meisten von ihnen haben ihre Väter nie kennengelernt, weil die entweder noch während des Krieges starben oder in Gefangenschaft geraten sind – oder nach Kriegsende froh waren, nicht an ihre »Hinterlassenschaft« erinnert zu werden.

Die Kinder der Schande haben Jean Paul Picaper und Ludwig Norz ihr Buch überschrieben, in dem sie vom tragischen Schicksal deutscher Besatzungskinder in Frankreich berichten.[61] Nach dem Krieg wurden viele Frauen, die sich mit deutschen Soldaten eingelassen hatten, als »Deutschenflittchen« beschimpft und der Kollaboration bezichtigt. Sie wurden von ihren Mitbürgerinnen und Mitbürgern durch die Straßen gejagt und es wurden ihnen als Zeichen der Schande die Haare geschoren. Es spielte sich in Frankreich eine regelrechte Hexenjagd ab; Kind eines deutschen Soldaten zu sein, war ein fast nicht zu tilgender Makel. Deshalb mussten die als »Nazihuren« beschimpften Mütter nicht nur sich selbst retten und verstecken, sondern auch die Kinder. Dabei ließen sich die meisten der französischen Frauen aus Liebe mit den deutschen Männern ein. Für viele Frauen war es sogar die erste Liebe, sie waren oft erst 17 Jahre alt gewesen. Viele Kinder überlebten im Versteck. Auch von ihren Großeltern, die sich ihrer schämten und sie nicht als ihre Enkel anerkannten, wurden sie misshandelt. Häufig stießen Besatzungskinder auch noch während ihrer Schulzeit auf extrem deutschfeindliche Lehrer. Über ihre genaue Herkunft wurden sie meist im Unklaren gelassen. Viele wurden zu Verwandten abgeschoben oder zur Adoption freigegeben. Das Thema wurde tabuisiert.

Auch in Norwegen gab es Besatzungskinder der deutschen Wehrmacht. Viele der Soldaten waren zum ersten Mal von zu Hause fort, die Zeit in Norwegen empfanden sie als ihr erstes Abenteuer. Sie waren jung, attraktiv, lebenshungrig, trafen auf schöne norwegische Frauen und hinterließen, als sie 1945 abzogen, zahlreiche Besatzungskinder. Die schimpfte man dort »Deutschenbastard« und ließ sie für die Taten ihrer Väter büßen.

Heute sind die Besatzungskinder in Ost und West bereits im Rentenalter, also in einem Alter, in dem man gern Lebensbilanz zieht. Sie suchen immer noch nach der anderen Hälfte ihrer Identität. Viele von ihnen setzen sich über ein jahrzehntelanges Frage- und Redeverbot hinweg, besessen von dem Wunsch, die eigenen Wurzeln zu finden. In diesem Zusammenhang möchte ich auf das Buch von Ebba D. Drolshagen *Wehrmachtskinder – Auf der Suche nach dem nie gekannten Vater*[62] hinweisen. Sie erzählt darin von den Schicksalen der Wehrmachtskinder, von der Suche dieser Kinder nach ihren Verwandten und davon, wie die deutschen Väter und Geschwister darauf reagieren, wenn plötzlich die Vergangenheit vor der Tür steht und ein geordnetes bürgerliches Leben aus den Fugen zu geraten droht. Ein packendes Buch zu einem viel zu lange tabuisierten Thema.

Die Stasi in der Familie

Das Ministerium für Staatssicherheit (Stasi) war zuständig für den Inlands- und Auslandsgeheimdienst der DDR und zugleich Ermittlungsbehörde für »politische Straftaten«. Dieses Ministerium war vor allem ein Instrument der SED zur Überwachung und Unterdrückung der Bevölkerung in der DDR, um die Macht der Regierung zu sichern. Eine Methode zur Überwachung bestand darin, sogenannte »informelle Mitarbeiter« (IM) in der Bevölkerung zu verpflichten, ihre Mitmenschen zu bespitzeln. Die Rekrutierung solcher Denunzianten war so erfolgreich, dass sich – wie in den Jahren der NS-Diktatur – niemand vor Verrat, selbst durch Familienmitglieder, sicher sein konnte.

Jürgen, 54:
»Die Stasi war in der DDR allgegenwärtig. Keiner konnte sich ihr entziehen. Ihr Arm reichte weit: in die Betriebe, Schulen, Universitäten, Sportclubs, Freundeskreise – und in die Familien. Wenn man im Osten lebte, lebte man mit der Staatssicherheit. Ich halte es nicht für glaubhaft, wenn die Leute sagen: Wir haben nichts davon gewusst. Wir wussten auch, dass in einem Betrieb, der 25 Leute beschäftigte, mit Sicherheit ein Spitzel dabei war. Außerdem kursierte in der DDR auch ein bezeichnender Witz: ›Wenn zwei zusammen sind, bin ich mitten unter euch!‹ – Danach hat sich auch jeder gerichtet.«

Udo, ehemaliger DDR-Bürger, 63:
»Vierzig Jahre lang Überwachung. Vierzig Jahre lang Bespitzelung durch Menschen, von denen man dachte, sie wären Freunde. Vierzig Jahre lang Einflussnahme des Staates in private Lebensbereiche hinein. Wer Reiner Kunzes Buch ›Die wunderbaren Jahre‹[63] kennt oder den Film ›Das Leben der Anderen‹[64], der kann sich zumindest annähernd eine Vorstellung davon machen, welchen Einschränkungen die Bürger der DDR unterworfen waren. Und der Staat konnte diese Überwachung nur durchführen, weil sich Menschen fanden, die das Ministerium für Staatssicherheit (Stasi) mit Informationen über ihre Nachbarn, Freunde und sogar Ehepartner versorgt haben. Kein Bürger der DDR konnte sicher sein, dass nicht irgendjemand in seinem Umfeld ein Staatsspitzel war.«

Besonders bekannt wurde der Fall von Vera Lengsfeld, die von ihrem Ehemann Knud Wollenweber bespitzelt wurde. Ihre Enttäuschung verarbeitete sie in dem Buch *Von nun an ging's bergauf ... Mein Weg zur Freiheit*[65]. In den Achtzigerjahren war sie aus einem DDR-Gefängnis in den Westen entlassen worden, kehrte aber später in die sich auflösende DDR zurück, zog als Gründungsmitglied der Grünen in die Volkskammer ein und kandidierte nach der Wiedervereinigung Deutschlands für den Bundestag, dem sie von 1990 bis 2005 angehörte. Während dieser Zeit kam es zur Enttarnung ihres Mannes Knud Wollenweber als Stasispitzel (IM Donald). Ein alter Freund rief eines Abends an. Er teilte ihr knapp mit, dass in der morgigen Ausgabe seines Wochenblattes stehen würde, dass ihr Mann ein Stasispitzel war und dass das ja wohl Grund genug sei, ihr Mandat niederzulegen. Vera Lengsfeld – damals noch Vera Wollenweber – beschwor ihren Mann, ihr die Wahrheit zu sagen. Er bestritt, ein Stasispitzel gewesen zu sein. Erst unter der Last erdrückender schriftlicher Beweise gab Knud Wollenweber seine Spitzeltätigkeit zu.

Auch Ellen Thiemanns Exmann wurde als Stasi-Spitzel enttarnt. Wegen versuchter Republikflucht war Ellen Thiemann für zweieinhalb Jahre ins gefürchtete Frauenzuchthaus Hoheneck gekommen, wo sie drastischen Strafmaßnahmen wie Folter, Schlafentzug, stundenlangen Verhören und Zwangsarbeit ausgesetzt war. Fast zwanzig Jahre später wurde sie mit einer schockierenden Tatsache konfrontiert: Ihr Ehemann gehörte zu den größten Stasi-Spitzeln im Sportbereich. Sie war jahrelang beschattet, denunziert und verraten worden – von ihren Freunden und dem eigenen Ehemann. Daraufhin begann ihr Kampf um Gerechtigkeit, um Wahrheit und Aufklärung, gegen Unrecht und Vergessen. Sie entlarvte die Machenschaften von Stasi und SED, enthüllte die Grausamkeiten der Diktatur, legte Zeugnis ab über die Verbrechen, auch im Sport. Ihr Buch *Der Feind an mei-*

ner Seite – Die Spitzelkarriere eines Fußballers[66] ist ein authentischer Bericht über einen Menschen, der keine Skrupel kannte und ein Plädoyer gegen die Verharmlosung und Verklärung der DDR-Geschichte.

Achim, 37:
»*Als die DDR noch ›real existierte‹, war ich ein Kind. Aber ich komme nicht aus einer Familie von Mitläufern. Mein Vater und meine beiden älteren Schwestern haben sich niemals den Mund verbieten lassen. Mein Vater war seit den frühen Achtzigerjahren des 20. Jahrhunderts politisch in der Ostberliner Szene der Bürgerrechtler aktiv. Die Stasi-Bespitzelungsakte meiner Familie umfasst viele hundert Seiten. Viele der politischen Freunde meines Vaters sahen sich zahlreichen Repressionen ausgesetzt, einige wurden in den Westen ›ausgebürgert‹ oder wanderten ins Gefängnis. Warum passierte uns nichts? Politischen ›Abweichlern‹ in der DDR, die aus ihrer Meinung keinen Hehl machten, wurden einem stufenweisen Repressionssystem ausgesetzt. Die erste Stufe bestand in Bespitzelung und unverhohlener Drohung. Stasi-Leute, zwar in Zivil, aber doch für jeden Ossi als solche zu erkennen, standen auffällig unauffällig vor der Haustür herum, klingelten an der Wohnungstür, um harmlose Fragen zu stellen, durchsuchten die Wohnung in Abwesenheit der Bewohner und hinterließen deutliche Spuren oder beobachteten sie – Wohnung und Bewohner – deutlich sichtbar von gegenüberliegenden Wohnungen oder Hausdächern. Hielt der ›Abweichler‹ sich dann nicht zurück, folgte die zweite Stufe mit beruflichen Konsequenzen: Verhältnismäßig gut bezahlte Akademiker wurden ›zur Bewährung‹ jahrelang in die ›sozialistische Produktion‹ strafversetzt, und zwar zu niedrigstbezahlten Hilfs- und Tagelöhnerarbeiten.*

Die dritte Stufe schließlich bestand in Inhaftierung und zumeist anschließendem ›Freikauf‹ der politischen Häftlinge durch Westdeutschland.«

Heutzutage kann jeder erfahren, wer ihn bespitzelt, an die Stasi verraten oder ins Gefängnis gebracht hat. Seitdem die Stasiakten den Stasiopfern zur Einsicht zur Verfügung stehen, haben viele von diesem Recht Gebrauch gemacht, andere dagegen haben aus Angst vor der Wahrheit die Akten ruhen lassen. Diejenigen, die Akteneinsicht beantragt haben, haben Erschreckendes entdeckt: Aufzeichnungen über ihr Leben, auch detaillierte Wortprotokolle, darunter manch unbedachte Äußerung. Endlich konnten sie erkennen, welcher vermeintliche Freund als Stasi-Mitarbeiter dafür verantwortlich gewesen war, dass man beispielsweise nicht zum Studium zugelassen worden war.

Spitzel wie Spione führen Doppelleben und das müssen sie notwendigerweise geheim halten, auch gegenüber den engsten Familienmitgliedern. Ein Bekanntwerden der geheimen Aktivitäten führt wegen des nicht zu entschuldigenden Vertrauensbruches meist zur Zerstörung der Familie. Hierüber berichtete das WDR-Fernsehen unter dem Segment *Menschen hautnah: Mein Vater – ein Spion*.[67]

Edina Stiller war acht Jahre alt und lebte in Ostberlin, als ihr Vater – angeblich wegen einer Geliebten – von heute auf morgen seine Familie verließ, in den Westen flüchtete und verschwunden war. Erst mit 18 erfuhr sie, dass er ein hochkarätiger Agent der Stasi gewesen war und bei seinem Übertritt zwei Koffer geheimer Unterlagen aus dem Ministerium für Staatssicherheit mitgenommen hatte. Damit erkaufte er sich ein Vermögen und eine neue Identität in den USA. Zum Schmerz über den Verlust des Vaters kam die Wut über den Verrat an der DDR, denn sie glaubte damals an den Sozialismus.

Nicole Glocke war gerade neun, lebte im Ruhrgebiet, als aus heiterem Himmel Polizisten vor ihrer Wohnungstür standen, nach ihrem Vater fragten und die Wohnung nach geheimen Unterlagen durchwühlten. Der Name ihres Vaters stand auf der Liste eines Überläufers, weil er jahrelang für die DDR spioniert hatte. Er wurde zu knapp drei Jahren Gefängnis verurteilt. Für die ahnungslose Familie war das ein Schock. Nach Verbüßung der Haft kam Nicoles Vater als gebrochener Mann in die Familie zurück, unfähig zu reden, unfähig am Leben teilzunehmen. Die Enttäuschung über ihren Vater und die Scham über seinen Verrat prägte Nicoles folgendes Leben.

Zwanzig Jahre später unternahm sie den Versuch, sich mit den Geschehnissen von damals auseinanderzusetzen. Sie suchte und fand schließlich Edina Stiller, die Tochter des Mannes, der ihren Vater verraten hatte!

Die geheim gehaltene Erbschaft

Der Erbfall stellt Familien auf den Prüfstand. Was ein guter Familienzusammenhalt wert ist, zeigt sich spätestens beim Erben. In einem Seminar brüsteten sich einige Frauen, wie außerordentlich gut der Familienzusammenhalt in ihrer Familie sei. Daraufhin stellte eine andere die schlichte Frage: »Und, habt Ihr denn schon mal geerbt?« Betretenes Schweigen war die Folge dieses Einwurfs.

Mit der Eröffnung des Testaments wird meist das bestätigt, was die Erben zu Lebzeiten des Erblassers eigentlich schon immer gefühlt hatten: *Ihre* Position in der Rangfolge der Sympathie des Erblassers gegenüber den Erben. Im Idealfall wird das Erbe unter den Kindern zu gleichen Teilen verteilt. Es gibt solche vorbildliche Familien, die auch das Thema Erben konfliktfrei lösen.

Die Erfahrung zeigt jedoch, dass Kinder meistens unterschiedliche Sympathiewerte bei dem Erblasser hatten und somit auch im Testament verschieden bedacht werden. Beide Tatsachen, die unterschiedlichen Sympathiewerte und die entsprechenden testamentarischen Verfügungen, werden häufig geheim gehalten, weil der Erblasser Streit und Auseinandersetzung während seiner Lebenszeit vermeiden möchte. Erst die Testamentseröffnung deckt dann dieses Familiengeheimnis auf. Einen Fall großer Ungerechtigkeit schilderte mir eine Seminarteilnehmerin:

Sabine, 58:
»Ich habe eine jüngere und eine ältere Schwester. Meine Eltern hatten ein gemeinsames ›Berliner Testament‹ aufgesetzt, in dem sie dokumentierten, dass nach dem Tod des zuletzt Versterbenden die älteste Tochter Universalerbin sein sollte und dass die jüngste Tochter bereits zu Lebzeiten der Eltern abgefunden worden war.
Über mich stand nichts im Testament, mich gab es nicht. Und genau das hatte ich schon immer gefühlt, nämlich nicht dazuzugehören. Die Rangordnung der Liebe war klar verteilt. Ich hatte daran keinen Anteil, was ganz deutlich im Testament meiner Eltern sichtbar wurde.«

Es gibt Familien, in denen bereits jahrzehntelange Konflikte zwischen Eltern und Kindern bestehen. Aber die Eltern wissen, wie sie sich »rächen« können: durch eine entsprechende testamentarische Verfügung. Und diese wird geheim gehalten. Dazu ein Beispiel.

Georg, 57:
»Weil ich im Testament meines Vaters nicht bedacht wurde, forderte ich mein gesetzliches Pflichtteile. Mit meiner Fami-

lie hatte ich seitdem zunächst nichts mehr zu tun gehabt. Erst, nachdem meine Mutter ins Heim musste, nahmen meine Geschwister wieder Kontakt zu mir auf, um mich zu Unterhaltszahlungen heranzuziehen. Ich weigerte mich zu zahlen, weil meine Mutter nicht unvermögend war und ich bestand darauf, dass erst alle Vermögenswerte aufgebraucht werden müssten, bevor ich in Anspruch genommen werden könnte.

Ich forderte mithilfe eines Anwaltes die Offenlegung der Vermögensverhältnisse meiner Mutter und musste feststellen, dass meine Mutter vor 17 Jahren, nachdem mein Vater gestorben war, alles meiner ältesten Schwester überschrieben hatte, damit ich beim Tod meiner Mutter keinen Pflichtteil in Anspruch nehmen könnte.

Diese interne Manipulation war ein streng gehütetes Familiengeheimnis, weil ein solcher Vorgang zehn Jahre im Nachhinein verfolgt und rückgängig gemacht werden kann. Da das ganze nun aber bereits 17 Jahre zurückliegt, kann ich diese Überschreibung nicht anfechten und bin meiner Mutter gegenüber unterhaltspflichtig, auch wenn sie mich gemeinsam mit meiner Schwester um meinen gesetzlichen Erbanspruch betrogen hat.«

Ein Geheimnis aus Testament und Erbschaft zu machen, ist, wie gezeigt, meistens darin begründet, dass jemand übergangen oder übervorteilt werden soll.

Die Befreiung von der Last eines Familiengeheimnisses

Die Belastung durch ein Familiengeheimnis

Wie in Kapitel *Familiengeheimnisse und Tabus in unserer Zeit* dieses Buches an vielen Einzelbeispielen dargestellt wurde, empfinden Menschen, die ein Familiengeheimnis hüten müssen oder an ein Schweigegebot gebunden sind, dies als Belastung.

Familiengeheimnisse zerstören die Familie von innen, weil sie auf Lebenslügen aufgebaut sind und sich auf Dauer niemand den spannungsreichen Widersprüchen von Wahrheit und Unwahrheit entziehen kann.

In den meisten Familien wird aus Scham nach dem Prinzip »Reden ist Silber, Schweigen ist Gold« verfahren. Man schämt sich und verschweigt, was passiert ist: Dass die Mutter dem Vater ein Kuckuckskind untergeschoben oder selbst ein uneheliches Kind zur Adoption freigegeben hat. Sich Schwächen einzugestehen, die gegen gesellschaftliche Normen verstoßen, fällt nicht leicht, denn man hat mit Stigmatisierung und Ausgrenzung zu rechnen.

Aber die Erfahrung zeigt, dass Schweigen meistens nicht Gold ist, denn jedes Schweigegebot löst Verdrängung aus und blockiert Offenheit auch in anderen Bereichen. Schweigen ist seelische Schwerstarbeit und kann sogar krank machen. Die zum Schweigen Verurteilten leiden häufig an Depressionen oder leiden unter Angststörungen (Panikattacken). Therapeuten und Seelsorger wissen, wie wichtig es ist, über Probleme zu reden, denn Reden entlastet und hält die Seele gesund!

Familiengeheimnisse kreieren Koalitionen innerhalb der Familie. Häufig wird dabei jemand ausgeschlossen oder ausgestoßen. Bezüglich bestimmter Geheimnisse werden die Familienmitglieder taub, blind und stumm, permanent in der Sorge, an etwas zu rühren. Alle bemühen sich krampfhaft um Vorsicht und ständige innere Kontrolle, worüber gesprochen werden darf und worüber nicht.

Wenn Menschen »Leichen im Keller« verbergen, hat das fatale Folgen, denn sie verstricken sich zwangsläufig in einem System aus Lüge und Heuchelei. Das dunkle Geheimnis wird zur seelischen Last, Erleichterung gibt es nur dann, wenn es gelüftet wird. Therapeuten wissen vom Umgang mit Familiengeheimnissen ein Lied zu singen. Sie versuchen im Rahmen einer Therapie, Betroffenen zu helfen, sich aus einengenden Verstrickungen der Familiengeheimnisse zu befreien, indem diese ihre »Altlasten« erkennen und in ihr jetziges Leben integrieren. Sie erkennen unter Anleitung, wie Lebenslügen funktionieren und wie diese uns darin hindern, authentisch zu sein und zu unserem Leben zu stehen.

Viele Menschen schaffen es nie, sich die Wahrheit einzugestehen, leiden ein Leben lang und werden psychisch oder körperlich krank. Wenn man krank ist, bekommt man echtes Mitgefühl, für eine gebeichtete Lebenslüge erntet man im günstigsten Fall Mitleid, vielleicht aber auch Unverständnis oder sogar Verachtung. Aus diesem Grund versuchen viele, ihre Familiengeheimnisse zu wahren; oft vertrauen sie sich erst unter unerträglich gewordenem inneren seelischen Druck einem anderen Menschen an.

Als Jane Fondas Mutter plötzlich starb, war sie erst 13 Jahre alt. Der verschlossene Vater sagte ihr und ihrem jüngeren Bruder, die Mutter sei an einem Herzanfall gestorben. Er verschwieg, dass sie sich in einer Anstalt selbst umgebracht hatte.

Die Kinder durften auch nicht zur Beerdigung. Erst Jahre später erfuhren beide durch Zufall die Wahrheit. Janes Vater wollte seine Kinder vor der Wahrheit schützen und sich selbst vor Scham- und Schuldgefühlen und so machte er aus dem Selbstmord seiner Frau ein Familiengeheimnis. Nachdem Jane schließlich die Wahrheit erfahren hatte, fraß sie ihren Schmerz darüber ebenso in sich hinein wie ihre Wut über die Lüge des Vaters. Sie litt jahrelang an Bulimie.

Das Beispiel von Jane Fonda zeigt, dass Menschen mit Geheimniskrämerei sich selbst und anderen das Leben unnötig schwer machen.

Aber manchmal sind Lügen barmherziger, wenn nämlich die Wahrheit zu hart ist und jemand daran zerbrechen könnte. Manchmal ist es besser, etwas zu verschweigen, beispielsweise bei einem Seitensprung, der die eigentliche Beziehung nicht infrage stellt. Warum soll der Partner unter dem Wissen leiden? Mit Ehrlichkeit um jeden Preis kann man Menschen auch überfordern.

Ganz besonders Kinder brauchen aber zu ihrer Lebensorientierung die Wahrheit. Oft wollen Eltern ihre Kinder schonen und sie nicht mit unangenehmen Wahrheiten konfrontieren. Doch eine Mutter schont ihren Sohn nicht, wenn sie ihm sagt, dass sich der Vater auf einer langen Reise befindet, obwohl er in Wirklichkeit im Gefängnis sitzt. Das Kind spürt ohnehin, dass hier etwas nicht stimmt, und kann in der Regel seine Wahrnehmungen und Gefühle nicht einordnen. Es ist dann nur noch mehr verunsichert. Daher ist es ratsam, auch kleine Kinder ernst zu nehmen und ehrlich zu ihnen zu sein.

Akzeptanz oder Befreiung

Diejenigen, die es schaffen, sich mit der Realität zu konfrontieren, sich eine jahrelang gehütete Lebenslüge einzugestehen, erfahren Entlastung und Befreiung, ähnlich, wie es beispielsweise im Rahmen der Beichte geschieht. Sich zu einer Lebenslüge zu bekennen, empfinden die meisten Menschen allerdings als persönlichen Offenbarungseid. Es erfordert sehr viel Mut, der Realität ins Auge zu schauen und sich so zu sehen, wie man ist.

Zu einem Bekenntnis einer lang aufrechterhaltenen Lebenslüge gehört in erster Linie, ehrlich vor sich selbst zu sein, sich Schuld, Versagen und Grenzen einzugestehen. Zum Leben gehört, dass man immer wieder an seine Grenzen kommt, zum Leben gehören auch das Scheitern, Misserfolg und ein Schuldigwerden an anderen Menschen. Wer das nicht einsehen will, macht sich etwas vor oder er reibt sich an seinen Grenzen auf, in der Hoffnung, sie doch durchbrechen zu können. Es ist nun mal nicht leicht, von eigener Schuld zu reden, sie vor anderen zuzugeben.

Schuld und Versagen gehören zum Leben. Das Schuldigwerden ist nicht eigentlich das Problem, wichtig allein ist, wie man mit seiner Schuld umgeht. Sich und anderen Menschen dauernd etwas vorlügen müssen, ermüdet und lähmt. Sich dagegen zu seinen Grenzen und zu seiner Schuld zu bekennen, macht frei. Wer so ehrlich und offen mit seiner Schuld umgehen und leben kann, der kann Lebensballast abladen und wird dadurch frei für Neues.

Es ist daher für die Psyche jedes einzelnen Mitglieds der Familie wichtig, das Ziel zu verfolgen, etwaige Geheimnisse aufzulösen. Aber ist das wirklich in jedem Fall der richtige Weg? Manchmal stellt sich die Frage, ob es besser ist, sich von den mit einem Familiengeheimnis verbundenen Belastungen zu befreien oder ob diese ertragen werden müssen, kurz gesagt, man wählt *Befreiung oder Akzeptanz.* Die Beantwortung dieser Frage hängt von drei Faktoren ab, von:

- dem Ausmaß der sozialen Kontrolle der Familie durch ihr Umfeld,
- der Persönlichkeitsstruktur der Familienangehörigen und
- der Art des Familiengeheimnisses.

Das soziale Umfeld einer Familie übt eine mehr oder weniger starke »soziale Kontrolle« aus, und zwar über die Einhaltung geschriebener (Gesetze) oder ungeschriebener Normen. Ergebnis dieser Kontrolle sind die Beurteilung einer Familie und die Zuweisung eines Ranges innerhalb der Gesellschaft. Auf Verstöße gegen die Normen reagiert die Gesellschaft mit Verurteilung und sozialen Sanktionen. Das Ausmaß der Verurteilung hängt von der gesellschaftlichen Bedeutung eines Normenverstoßes ab. Das Ausmaß der sozialen Kontrolle hängt von der Aufgeklärtheit und Toleranz der Gesellschaft ab und von der Aktualität des Normenverstoßes. Je zeitnäher ein Normenverstoß ist, umso größer ist die Aufregung darüber. Der Einfluss des sozialen Umfeldes ist in der Anonymität der Großstadt ein geringerer als auf dem Lande. Diese Tatsache sollte man im Hinterkopf behalten, wenn im Folgenden vereinfachend von »starker« oder »schwacher« sozialer Kontrolle die Rede ist.

Es gibt Menschen mit einem starken Selbstbewusstsein. Sie handeln bei Einhaltung der Gesetze im Übrigen vor allem danach, was sie für richtig halten. Andere mit einem weniger stark ausgeprägten Selbstbewusstsein schwanken eher in ihren Meinungen und sind von ihrem sozialen Umfeld leicht zu beeinflussen. Gerade sie haben die größte Angst vor einer Verurteilung durch Außenstehende. Im Folgenden spreche ich vereinfachend von einer »starken« oder »schwachen« Persönlichkeit. Eine starke Persönlichkeit hält beides aus: die Aufdeckung des Familiengeheimnisses, aber auch das Leben mit ihm, und zwar dann, wenn die Sanktionen des sozialen Umfeldes ein Bekenntnis nicht ratsam erscheinen lassen.

Je nachdem, wem gegenüber etwas geheim gehalten wird, können *innerfamiliäre* und *außerfamiliäre* Geheimnisse unterschieden werden. Innerfamiliäre Geheimnisse bestehen, wenn ein oder mehrere Familienangehörige ein Geheimnis hüten. Wird von der Familie ein Geheimnis gegenüber der Umwelt aufrechterhalten, dann handelt es sich um ein außerfamiliäres Geheimnis. In der Regel werden innerfamiliäre Geheimnisse auch nach außen hin gehütet. Es gibt aber eine Reihe von Geheimnissen, die nur gegenüber der Umwelt bestehen, das heißt die Familie ist informiert, aber die Umwelt soll nichts erfahren. Beispiele hierfür sind sozialer Abstieg, Gewalt und Kriminalität in der Familie oder Inzest. Je nachdem, um was für ein Geheimnis es sich handelt, kann man auch ablesen, wie man Entlastung von einem Familiengeheimnis erreichen kann und von welcher Seite Hilfe kommen kann. Im Folgenden werden die wichtigsten im Hauptteil dieses Buches geschilderten Familiengeheimnisse der Frage nach Akzeptanz oder Befreiung unterzogen:

1. *Der sozialer Abstieg:* Es handelt sich nicht um ein schwergewichtiges Geheimnis, das mit gesellschaftlichen Sanktionen belegt wird. Deshalb könnte man sich auch gut selbst davon befreien, das Geheimnis lüften und dazu stehen, besonders dann, wenn kein Eigenverschulden dabei eine Rolle spielt.
2. *Der Seitensprung:* Hier muss das Geheimnis auch nach außen aufrechterhalten bleiben, denn durch eine zufällige,

unkontrollierte Bemerkung von Mitwissern könnte die Ehe gefährdet werden. Wer sich einen Seitensprung leistet, der muss auch die Last seines Geheimnisses tragen können. Eine Beichte aus Schwäche oder falsch verstandener Ehrlichkeit kann für eine Ehe fatale Folgen haben.

3. *Die außereheliche Beziehung:* Gleiches wie für den Seitensprung gilt auch für eine außereheliche Beziehung. Wer sich eine Zweitbeziehung leistet und seine Ehe oder Familie nicht gefährden möchte, der muss schweigen können. Allerdings stellt sich hier die Frage, besonders wenn die außereheliche Beziehung länger anhält, ob es noch sinnvoll ist, an der ursprünglichen Verbindung festzuhalten.

4. *Heiratsschwindelei und die Liebe zu einem Straftäter:* In beiden Fällen ist sowohl eine Entlastung innerhalb der Familie als auch nach außen nicht möglich, weil das keine Befreiung zur Folge hätte, denn man kann weder in der Familie noch im sozialen Umfeld auf Verständnis hoffen. Man kann sich eventuell dadurch von der Last befreien, indem man sich in einem unter einem Pseudonym geschriebenen Buch das Geheimnis von der Seele schreibt. Eine andere Möglichkeit bieten Internetportale, in denen man sich anonym offenbaren kann.

5. *Kinder katholischer Priester:* Wegen des Zölibats sind Kinder von Priestern mit einem absoluten Tabu behaftet. Solche Kinder, die es eigentlich gar nicht geben dürfte, haben keine Lobby, können erfahrungsgemäß in ihrem Anliegen nirgendwo mit Verständnis rechnen. Obwohl sie unschuldig sind, werden sie ausgegrenzt, und deshalb ist es ratsam, das Geheimnis unter Verschluss zu halten, denn am Ende könnte es darauf hinauslaufen, dass nicht die Täter zur Verantwortung gezogen werden, sondern die Opfer, die ein Tabu gebrochen haben. Auf den Müttern liegt ein sehr star-

ker Druck durch die katholische Kirche, das Geheimnis zu bewahren. Eine Aufdeckung des Geheimnisses ist existenzbedrohend. Diese Mütter haben sich schriftlich gegenüber der Amtskirche zum Schweigen verpflichtet und sie erhalten nur so lange Unterhalt von der Kirche, wie sie dieses Gebot einhalten. Priester werden strafversetzt oder verlieren unter Umständen ihr Amt.
6. *Die unbekannte Mutter – der unbekannte Vater, Adoptivkinder:* Wenn Kinder ihre leiblichen Eltern nicht kennen, ist das für sie ein Makel. Hier geht es nicht um einen Tatbestand, den man selbst geheim halten möchte, sondern um ein Geheimnis eines Elternteils, unter dem sie leiden. Diese Belastung muss nicht akzeptiert werden. Jedes Kind hat ein Recht, die Wahrheit über seine Herkunft zu erfahren. Wenn die Familienangehörigen diese Aufklärung verweigern, besteht immer noch die Möglichkeit, an die Öffentlichkeit zu gehen und das Geheimnis der Identität aufzudecken. Inzwischen besteht in unserer Gesellschaft dafür viel Verständnis.
7. *Kuckuckskinder:* Ein Kuckuckskind zu sein, wird dem Kind vorschwiegen und auch vor dem Vater wird die Tatsache, dass ihm ein Kind untergeschoben worden ist, verheimlicht. Die Aufdeckung des Geheimnisses führt vielleicht zu einer Entlastung des Kindes, aber häufig zu einer Krise in der Ehe. Das muss die Ehefrau abwägen, wenn sie überlegt, das Geheimnis zu lüften.
8. *Tabuisierte Erkrankungen in der Familie:* Auch hier wird das Geheimnis möglichst lange aufrechterhalten, weil eine Offenbarung wegen des starken sozialen Drucks eine gesellschaftliche Ausgrenzung zur Folge hätte. Eine Entlastung ist aber in anonymen Selbsthilfegruppen möglich.
9. *Drogensucht in der Familie:* Das Geheimnis wird nach außen aufrechterhalten, weil das soziale Umfeld betroffene

Familien als labil, charakterschwach und asozial einstuft. Auch hier ist die Offenbarung des Geheimnisses eher in Selbsthilfegruppen betroffener Familien empfehlenswert.

10. *Gewalt gegen Ehefrauen:* Die Frauen verharren oft jahrelang in Schweigen, obwohl die Gesellschaft Gewalt in der Familie ächtet. Sie sind finanziell und emotional von ihren Männern abhängig. Sie könnten sich von diesem Familiengeheimnis befreien, indem sie in ein Frauenhaus flüchten und sich in dieser sicheren Umgebung professionelle Unterstützung suchen. Geschlagenen Frauen fällt das aber sehr schwer, weil sie sich an Gewalt gewöhnt haben und dadurch ihr Selbstwertgefühl zusammengebrochen ist. Abgesehen davon haben sie Angst vor erneuter Gewalt oder gar Schuldkomplexe, wenn ihr gewalttätiger Mann strafrechtlich verfolgt wird. Einen Ausweg können sie nur finden, wenn sie planvoll, sukzessive, eventuell mit therapeutischer Unterstützung, ihr Selbstbewusstsein aufbauen.

11. *Kriminalität in der Familie:* Innerhalb der Familie lässt sich Kriminalität nicht verheimlichen. Da hierbei eine starke gesellschaftliche Ächtung besteht, wird beispielsweise das Geheimnis um einen inhaftierten Sohn nicht vor Nachbarn und Bekannten bekannt gegeben. Eine Entlastung brächte die Offenbarung eines solchen Geheimnisses nur dann, wenn man auf Verständnis und Mitgefühl hoffen könnte. Das ist aber fast nie der Fall. Im Gegenteil werden Eltern krimineller Kinder an den Pranger gestellt. Deshalb ist auch hier Schweigen angebracht.

12. *Homosexualität:* Inzwischen hat sich in der gesellschaftlichen Wahrnehmung viel verändert und sich Toleranz gegenüber gleichgeschlechtlichen Paaren eingestellt. Deshalb ist es durchaus möglich, sich von diesem Geheimnis innerhalb und außerhalb der Familie zu befreien, sich zu seinem

Anderssein zu bekennen und entsprechend zu leben. Aber das gesellschaftliche Umfeld muss richtig eingeschätzt werden, wenn man Ausgrenzung verhindern will: In einem Dorf in Niederbayern beispielsweise sieht die Welt anders aus als in Berlin, Hamburg oder Köln.
13. *Inzest:* Hier handelt es sich um Straftaten, die auch innerhalb der Familie so lange wie möglich vertuscht werden. Den Opfern wird häufig ohnehin nicht geglaubt. Mitwissende Familienangehörige, meistens die Mütter, decken das Geheimnis nach außen, auch deshalb, weil eine Aufdeckung zu einer Verurteilung des Täters führen und damit meist die Existenzgrundlage der Familie wegbrechen würde.
14. *Kriegs- und ideologiebedingte Familiengeheimnisse:* Hier geht es wieder um zwei Aspekte: Einerseits leidet der Geheimnisträger unter seinem Geheimnis, andererseits leiden die übrigen Familienangehörigen unter dem ihnen Unbekannten, dem »dunklen Fleck« in ihrer Geschichte. Die Geheimnisträger selbst sind oft nicht bereit, sich ihrer Last zu entledigen. Aber die anderen Familienangehörigen können die ungeklärten Geschehnisse aufklären, ohne Angst vor Sanktionen der Umwelt haben zu müssen, insbesondere, weil es sich meist um Geheimnisse handelt, die Jahrzehnte zurückliegen und Betroffene oft nicht mehr leben.

Die Befreiung von einem Familiengeheimnis

Um sich von der Last eines Familiengeheimnisses zu befreien, gibt es verschiedene Methoden oder Formen der Auseinandersetzung: Das Schreiben, die Beichte oder das Bekenntnis, das Reden, das Verzeihen. Am Ende des Befreiungsprozesses wird es häufig nötig sein, sein Leben neu zu ordnen. Es hängt vom Einzelfall, das heißt von der Art des Familiengeheimnisses, von der Persönlichkeitsstruktur der Familienmitglieder und letztlich von dem sozialen Umfeld ab, welche Form der Auseinandersetzung am besten geeignet ist.

Die Aufdeckung eines Familiengeheimnisses

Die Dokumentation

Dass man das Schweigen durchbrechen kann, das ein Familiengeheimnis umgibt, indem man die ungeschminkte Wahrheit sucht und aufschreibt, zeigen uns die bereits im Abschnitt *Die Nazi-Vergangenheit des eigenen Vaters* genannten Autoren:

- Amelie Fried: Schuhhaus Pallas. Wie meine Familie sich gegen die Nazis wehrte
- Uwe Timm: Am Beispiel meines Bruders
- Wibke Bruns: Meines Vaters Land
- Martin Pollack: Der Tote im Bunker – Bericht über meinen Vater
- Ute Scheub: Das falsche Leben. Eine Vatersuche

Das Schreiben als Form der Auseinandersetzung mit einem Familiengeheimnis eignet sich für kriegs- und ideologiebedingten Familiengeheimnisse besonders gut, weil es um die Aufdeckung vieler Tatsachen und Zusammenhänge geht. Andererseits sieht sich nicht jeder befähigt oder in der Lage, mühsam zu recherchieren und ein Buch zu schreiben. Wenn es darum geht, sich von der Last eines *selbst gehüteten* Geheimnisses zu befreien – und wer nicht gerade eine Autobiografie schreiben möchte –, für den bietet sich die Beichte oder das Bekenntnis an.

Die Beichte

Früher, als es noch mehr als heute religiöse Bindungen gab, konnte man sein Schweigen in der Beichte brechen und sich dort Entlastung holen. Die Beichte (auch Sakrament der Versöhnung genannt) unterscheidet sich dadurch von anderen Seelsorgegesprächen, indem sie mit der Lossprechung der Sünden endet, mit den Worten: »Deine Sünden sind dir vergeben« oder »Ich spreche dich los von deinen Sünden«.

Es gibt verschiedenen Formen der Beichte: die Ohrenbeichte, das Beichtgespräch und der Bußgottesdienst. Bei den Katholiken gibt es noch die Generalbeichte. Das ist eine Art umfassende Lebensbeichte, die katholische Christen oft vor dem Sakrament der Krankensalbung (früher: letzte Ölung) ablegen. In der evangelischen Kirche ist die Generalbeichte das gemeinsame, kollektive Schuldbekenntnis der versammelten Gemeinde, das seit der Reformation die Einzelbeichte abgelöst hat. Für Katholiken ist die Beichte ein Sakrament. Menschen, die Schuld auf sich geladen haben, bekennen ihre begangenen Sünden vor dem Beichtvater (Priester), der die Funktion des Stellvertreters Gottes auf Erden hat. Sie bereuen und übernehmen die Verantwortung für ihre Schuld. Dadurch erhalten sie wieder Zugang zu Gott, zu den Sakramenten, vor allem zur Kommunion, das heißt zur Gemeinschaft der Gläubigen und bekommen dadurch die Chance zu einem Neuanfang. Nach dem Glauben der Katholiken wird der Einzelne durch die Absolutionsformel des Priesters »Ego te absolvo – ich spreche dich los von deinen Sünden« mit Gott versöhnt. Voraussetzung für die Absolution und die Versöhnung mit Gott, gegen dessen Gebote man verstoßen hat, sind:

- Reue,
- das Schuldbekenntnis,

- der Vorsatz, das schuldhafte Verhalten zu ändern beziehungsweise den entstandenen Schaden wiedergutzumachen.

Der Priester entlässt den Gläubigen mit den Worten: »Der Herr hat dir die Sünden vergeben. Gehe hin in Frieden.«

Bekennt ein Christ im Sakrament der Beichte seine Sünden, ist der Priester zur völligen Geheimhaltung verpflichtet. Egal wie schwerwiegend mögliche Argumente sein können, der Priester kann vom Beichtgeheimnis nicht entbunden werden. Vor Gericht kann er das Zeugnisverweigerungsrecht geltend machen. Verletzt ein Priester das Beichtgeheimnis, begeht er eine schwere Sünde. Er verliert die Beichtvollmacht sowie sein Amt.

Die Beichte bei einem Priester ist eine sakramentale Form der Sündenvergebung. Hier erfährt der Gläubige beispielsweise bei schwerer eigener Schuld die unmittelbare Zusage der Vergebung Gottes durch den Priester. Zur guten Beichte gehört eine gute Vorbereitung in Form einer gründlichen Gewissenserforschung. Absolution empfängt nur, wer Reue zeigt. Natürlich kann der Priester nicht immer sicher sein, ob die Reue echt ist. Wenn jemand ein Verbrechen beichtet – was selten vorkommt –, verlangt der Beichtvater, dass sich der Täter der Polizei stellt. Meist aber geht es um persönliche Gewissensnot: Jemand hat seinen Partner betrogen, er hat einem Kind Unrecht getan, die Eltern belogen oder mutwillig eine Beziehung zerstört. Oft lässt sich das zerschlagene Porzellan nicht mehr kitten. Die eigene Schuld wird bekannt und beim Namen genannt, die Beichte macht den Weg frei für eine Neubesinnung und einen Neuanfang.

So gut, entlastend und versöhnend eine Beichte auch sein mag, so wird sie leider auch manchmal als Machtmittel der Kirche gegenüber dem Kirchenvolk eingesetzt, weil ja nur die Kirche in Person des Priesters als Stellvertreters Gottes auf Erden die Lizenz zur Vergebung hat. Das eröffnet auch Möglichkeiten von Machtmissbrauch.

Ein Beispiel:

Eine Frau war tief religiös geprägt, konnte es während des Krieges nicht verantworten, weitere Kinder in die Welt zu setzen, weil das wenige, das sie hatten, kaum reichte. Obwohl sie sich verantwortungsvoll verhielt, indem sie Schwangerschaftsverhütung praktizierte, machte sie sich nach der Moralvorstellung der Kirche schuldig, denn nach dieser wäre nur Enthaltsamkeit oder die sehr unsichere Knaus-Ogino-Methode (Verkehr an den unfruchtbaren Tagen) vertretbar gewesen. Die Frau beichtete, »Manipulationsmittel« (Kondome) eingesetzt zu haben. Daraufhin fragte sie der Priester, wie sie in Zukunft verfahren werde. Die Frau gab zu erkennen, dass es für sie in ihrer Situation keine andere Alternative gäbe und sagte der Wahrheit entsprechend, dass sie aus Verantwortungsgefühl auch weiter verhüten werde. Sie bekam sieben Jahre lang keine Absolution und konnte deshalb nicht zur Kommunion gehen. Heute ist die dadurch entstandene Seelennot dieser Frau kaum mehr nachvollziehbar, aber für diese Frau war es wichtig, an der Kommunion, am Tisch des Herrn teilnehmen zu dürfen. Durch die Verweigerung der Absolution wurde sie ausgegrenzt.

Einen anderen Fall zweifelhafter kirchlicher Moral im Zusammenhang mit einer Beichte erfuhr ich von einer älteren Seminarteilnehmerin:

Hannelore, 72:

»Ich war geschieden und das zu einer Zeit, in der das noch ein Makel war. Damals durften Geschiedene an den Sakramenten nicht teilnehmen, wiederverheiratete Geschiedene wurden sogar exkommuniziert. Ich fühlte mich dadurch gesellschaftlich und kirchlich stigmatisiert. Weil mir die Teilnahme an der Kommunion fehlte und um mir Sicherheit zu verschaffen, ging

ich zur Beichte und brachte mein Anliegen vor. Daraufhin erhielt ich den Rat, ruhig zur Kommunion zu gehen, wenn mir das ein Bedürfnis sei. Ich solle nur darauf achten, dass ich dadurch niemandem zum Ärgernis werde. Am besten sei es, ich ginge in eine fremde Kirche, wo ich unbekannt sei. Statt beruhigt, war ich fassungslos: Entweder ist es eine schwere Sünde, als Geschiedene an der Kommunion teilzunehmen, oder nicht. Man kann eine Befürwortung oder Ablehnung doch nicht davon abhängig machen, was andere dazu sagen würden. Dieses Beichtgespräch hat mich zutiefst verunsichert, mit der Folge, dass ich danach alles mit mir selbst ausgemacht und das dann auch allein verantwortet habe.«

Es gibt eine ganze Bandbreite von Gründen, warum die Ohrenbeichte in den letzten Jahrzehnten sehr stark zurückgegangen ist: Die kirchliche Bindung hat nachgelassen und die meisten Menschen haben sich einen eigenen Umgang mit Versagen und Schuld geschaffen. Immer mehr kritisch denkende Menschen empfanden die Ohrenbeichte auch als Druck- und Machtmittel, das dazu diente, das Kirchenvolk aufgrund von Schuldgefühlen unter Kontrolle zu halten.

Heute wird von vielen Katholiken die Ohrenbeichte auch deshalb als überflüssig angesehen, weil vor jeder heiligen Messe eingangs ein allgemeines Schuldbekenntnis gesprochen wird, durch das die Kirchengemeinde am Anfang der Eucharistiefeier gemeinsam seine Schuld bekennt und die Lossprechung vom Priester erhält. So ist der reinigende Aspekt der Beichte vor der Kommunion gewährleistet, ohne dass erdrückende Schuldgefühle geschürt werden.

Wer sich von der Last seines eigenen gehüteten Geheimnisses befreien will, der muss nicht unbedingt beichten, er findet auch Entlastung durch Bekenntnis oder Geständnis.

Das Bekenntnis

Prominente wie Günter Grass, Bill Clinton, Jörg Immendorf oder Boris Becker suchten in den letzten Jahren für ihre Geständnisse die Öffentlichkeit. Seit der öffentlichen Beichte Michel Friedmans mit seinem pathetischen »Verzeihe mir, ich liebe Dich«, gerichtet an seine jetzige Ehefrau Bärbel Schäfer, ist öffentliches Beichten in Mode. Da weint Erik Zabel vor der Presse. Er legt öffentlich eine Beichte ab. »Ich will meinen Sohn nicht mehr anlügen«, sagt er vor den Kameras.

Bei vielen medialen Canossagängen kann man sich des Eindrucks nicht erwehren, dass diese Menschen ihre Bekenntnisse nur wegen erdrückender Beweislast und zu erwartender öffentlicher Verurteilung abgelegt haben. Grass' Memoiren beispielsweise boten den letztmöglichen Zeitpunkt, die bisher verschwiegene SS-Vergangenheit selbst zu bekennen, bevor es ein beschädigendes Aufdecken durch Dritte geben konnte.

Ob Bekenntnisse dieser Art mehr sind als Marketingaktionen, ob sie tatsächlich auf eigener Einsicht und echter Reue beruhen, ist schwer zu sagen. Es steht aber in den meisten Fällen zu vermuten, dass öffentliche Bekenntnisse häufig nur das Ziel einer Schadensbegrenzung verfolgen, um den persönlichen oder beruflichen Status zu retten. Wie auch immer, in jedem Fall wird durch öffentliche Bekenntnisse der öffentliche Druck gemildert. Das bloße Aussprechen von Schuld kann schon etwas Befreiendes haben und Erleichterung bringen.

Der Drang zum Bekenntnis und zur Entlastung ist nach wie vor vorhanden, es wird Erleichterung durch das Eingeständnis von Schuld gesucht. Ein Ort, der hierfür immer beliebter wird, ist das Internet. Die Anonymität im Schutzraum des Internets verringert die Hemmschwelle zum Eingeständnis von Schuld. Damit sind auch die hohen Frequentierungen der Online-Beichte im Rahmen der Internetseelsorge und von interaktiven Fernsehsendungen wie beispielsweise *Damian* im WDR zu erklären.

Heutzutage bieten Talkshows im Fernsehen die Möglichkeit, »alles herauszulassen« und sich dadurch zu entlasten. Menschen erzählen ganz offen und frei ihre Lebensgeschichte, geben ihre Intimsphäre preis und legen öffentlich Bekenntnisse ab: »Ja, ich habe gelogen!«, »Ja, ich habe Dich betrogen!«, so hören und sehen wir es in den Talkshows bei Vera am Mittag, bei Britt oder Oliver Geissen. Aber wir hören nicht nur von Liebe und Sex, sondern wir hören auch vor laufender Kamera die Bitte: »Lasst uns von Neuem beginnen!«, oder den Wunsch zum Partner, zur Partnerin gewandt: »Bitte verzeihe mir!« Wir können erleben, wie Menschen auf ihre Weise etwas loswerden. Hier geschieht in einer ganz bestimmten Weise Konfliktbewältigung und manchmal sogar Versöhnung. Könnte dies auch so etwas sein wie die moderne Form der Beichte? Menschen beweisen in den Talkshows Mut zum Bekenntnis der eigenen Schuld und erfahren durch ein reinigendes Geständnis vor einem verzeihenden Millionenpublikum eine Chance zum Neuanfang. Es darf aber nicht vergessen werden, dass Talkshows Unterhaltungssendungen sind und keine wirkliche Beichte, obwohl Talkmaster Jürgen Fliege immer wieder die religiöse und seelsorgerliche Dimension seiner Sendung betont hat. Fliege eröffnete seine Talkshow stets mit der Formel: »Kommen Sie, erzählen Sie uns Ihre Geschichte!« Jede Geschichte und jeder Mensch, so seine immer wiederkehrende Formulierung, seien kostbar. Häufig konnte man sich aber des Eindrucks nicht erwehren, dass es um das Erzählen spektakulärer Geschichten ging, denn es werden üblicherweise überhaupt nur Studiogäste mit einer spektakulären Geschichte eingeladen. Besondere Geheimnisse wurden von Frauen, verfremdet mit Perücke und Sonnenbrille, gelüftet. Sie wollten unter keinen Umständen erkannt werden. Wenn seine

Gesprächspartner zögerten, so hakte Fliege nach: »Wir müssen jetzt Licht in ein Tabu bringen ...«

Es stellt sich die Frage, warum sich Menschen in Talkshows einem Millionenpublikum öffnen? Ist es seelischer Exhibitionismus oder pure Not? Ein Grund dafür mag sein, dass viele Menschen heutzutage vereinsamt und isoliert leben und oft niemanden haben, der ihnen zuhört und dem sie sich anvertrauen können. Das Fernsehen erkennt dieses Defizit und schafft Ersatz für fehlende Nähe. Talkshows sind deshalb so beliebt und erfolgreich, weil sie ihren Talkgästen das Gefühl geben, wichtig zu sein, verstanden zu werden und geborgen zu sein. Viele Talkgäste erfahren möglicherweise zum ersten Mal, dass sich jemand für sie und ihre Geschichte interessiert. Menschen, die das Herz auf der Zunge tragen, um sich endlich einmal zu entlasten, dürfen vor einem Millionenpublikum reden und verbinden mit einem Auftritt in einer Talkshow die Hoffnung, aus ihrer Isolation ausbrechen zu können.

Es erstaunt mich immer wieder, wie gerade Opfer von sexueller Gewalt in den Talkshows ihre Leidensgeschichte offenbaren. Diese Menschen sind offenbar so ausgehungert nach Gesprächen, dass alles mehr wert ist als das Schweigen und die Isolation in ihren Familien. Das kann dann natürlich auch ausgenutzt und missbraucht werden, um Einschaltquoten hochzutreiben. Und – obwohl auch das bekannt ist – müssen Talkshows auch den Talkgästen etwas bringen, sonst gäbe es sie schon lange nicht mehr. Probleme können zwar dadurch nicht gelöst werden, solche »Bekenntnisse« bringen aber auf jeden Fall Entlastung von der mit der Verheimlichung verbundenen Spannung.

Auch *Heidi Marks*, die in einem kleinen fränkischen Dorf aufwuchs, litt jahrzehntelang unter einem »bösen Geheimnis«. Zwei Bewohner dieses Dorfes missbrauchten und vergewaltigten junge Frauen und Mädchen. Viele im Dorf wussten Bescheid.

Keiner sagte etwas. Heidi Marks war eines dieser Opfer und floh vor 26 Jahren in die USA. Doch sie kehrte zurück, um weitere Übergriffe zu verhindern. Viele Dorfbewohner beschimpften sie als Nestbeschmutzerin. Doch sie wehrte sich: »Dieses Dorf hat so lange bestimmt, was ich sage und was nicht. Jetzt will ich das bestimmen.« Bei Wieland Backes bekam sie in der Sendung *Nachtcafé* mit dem Titel »Leichen im Keller«[68] Gelegenheit, über ihren Missbrauch öffentlich zu reden und mit den Tätern von einst abzurechnen.

Der am häufigsten eingeschlagene Weg, sich Klarheit über ein Familiengeheimnis zu verschaffen und dadurch von seiner Last zu befreien, dürfte die Kommunikation, also das Gespräch mit Familienmitgliedern und eventuell anderen eingeweihten Personen sein.

Die Kommunikation

Viele Menschen, die sehr lange unter dem Druck von Familiengeheimnissen gelitten haben, brechen irgendwann ihr Schweigen und schaffen sich dadurch Entlastung. In dem Buch *Die Last des Schweigens. Gespräche mit Kindern von NS-Tätern*[69] von Dan Bar-On geht es darum, die moralischen und psychologischen Nachwirkungen des Holocaust auf die Kinder von NS-Tätern zu erforschen. Die in diesem Buch präsentierten Lebensgeschichten dokumentieren nationalsozialistisch geprägtes Familienleben und das Ringen der Folgegenerationen, mit der belasteten Erbschaft umzugehen.

Vielen Menschen fällt es unglaublich schwer, über bisher Unausgesprochenes zu sprechen und sich Familiengeheimnissen zu stellen, und manchmal wird der Zeitpunkt für ein klärendes Gespräch auch verpasst, wie das folgende Beispiel zeigt:

Annette, 66:
»*Ich bin unehelich geboren und habe meine Mutter immer gefragt, wer mein Vater sei. Auf meiner Geburtsurkunde steht ›Vater unbekannt‹. Das empfand ich immer als einen Makel, zumal ich unterstelle, dass sich meine Mutter doch wohl nicht mit einem Nobody eingelassen hat. In meiner Verwandtschaft wurde auch schon mal gemunkelt, ich sei die Tochter des früheren Chefs meiner Mutter, der aber verheiratet war. Ich habe mein ganzes Leben lang Identitäts- und Minderwertigkeitsprobleme gehabt, weil ich einen Teil meiner Wurzeln nicht kenne. Meine Mutter wird ihr Geheimnis wohl mit ins Grab nehmen, denn heute ist sie 90 und hochgradig dement. Jede Frage kommt jetzt zu spät.*«

Solche Beispiele sind keine Einzelfälle. Ähnlichen Schicksalen wie diesem begegne auch ich häufig in Beratungen und Seminaren. Kinder spüren, dass irgendetwas nicht stimmt, dass sie abgelehnt oder nur geduldet sind. Sie ahnen vielleicht, dass der Vater, bei dem sie aufwachsen, nicht ihr leiblicher Vater ist, sie wagen aber nicht zu fragen, weil sie damit womöglich die Fassade von der »heilen Familie« zerstören würden. Das ist tragisch, denn es ist für sie ein lebenslanges Problem, die eigene Herkunft nicht zu kennen. Noch tragischer ist es aber, wie das vorausgegangene Beispiel zeigt, sie nie aufklären zu können, weil es dafür zu spät ist.

Die Eröffnung eines Familiengeheimnisses schlägt immer hohe Wellen im persönlichen Umfeld und deshalb muss man sich überlegen, zu welchem Zeitpunkt und gegenüber welchen Angehörigen man das Geheimnis lüftet. Da dies die ganze Familie betrifft, ist es empfehlenswert, es gut vorzubereiten.

Selbstbewusste Menschen, das ist meine These, ziehen regelmäßig Bilanz. Manche tun es im stillen Kämmerlein ganz allein für sich, andere bevorzugen einen wohlwollenden, vertrauenswürdigen Menschen, der in der Lage ist, ihnen einerseits kritisch gegenüberzutreten, andererseits aber darauf verzichtet, ihre Taten zu bewerten. Es sollte ein Gesprächspartner sein, dem wir auch das anvertrauen können, was uns eigentlich sehr peinlich ist. In Gegenwart eines solchen Menschen macht uns eine solche Bilanz nicht klein, sondern sie stärkt uns, auch dann, wenn wir womöglich einen falschen Weg eingeschlagen haben. Der Kritik anderer kann man umso gelassener begegnen, indem man zuvor bereits selbst Bilanz gezogen hat.

Hilfreich ist es, wenn Betroffene sich eine Vertrauensperson, beispielsweise einen Psychotherapeuten oder Seelsorger suchen, mit denen sie über ihr Familiengeheimnis sprechen können. So kann der Betroffene sich seelisch entlasten und auch besser entscheiden, ob er das Geheimnis seiner Familie anvertrauen möchte.

Was ist also zu tun, wenn man ein Familiengeheimnis wittert? Soll man so lange bohren, bis der Widerstand aufgegeben wird? Vielleicht ist es einen Versuch wert, es immer wieder zu versuchen, denn eine Klärung kann sehr befreiend sein. Aber für den Fall, dass es nicht klappt, jemanden zum Reden zu bringen, muss man sich bewusst machen, dass es schwer ist, einen Menschen, der sich einmal entschieden hat, sein Schweigen zu wahren, davon zu überzeugen, dass Reden erlösend sein kann. Oft meint derjenige, der schweigt, seine Geheimhaltung sei besser für alle Beteiligten. Wer zutiefst davon überzeugt ist, den wird man nur sehr schwer vom Gegenteil überzeugen können. Reden kann man nicht erzwingen, die Wahrheit auch nicht.

Die Versöhnung

Wenn ein Familiengeheimnis aufgedeckt ist, bricht für viele eine Welt zusammen. Die Reaktionen gegenüber dem Geheimnisträger oder »Übeltäter« sind häufig peinliches Schweigen, Ausgrenzung, Abbruch der Beziehung, moralische Verurteilung. Mit der Aufdeckung des Familiengeheimnisses ist aber seine Last von den übrigen Familienmitgliedern nicht vollständig genommen. Zur vollständigen Aufarbeitung des Familiengeheimnisses gehört Verzeihung.

Verzeihen ist eine frei gewählte Reaktion. Verzeihen heißt nicht, das mir zugefügte Unrecht zu vergessen, sondern, auf Rache zu verzichten und dem anderen trotzdem das Beste zu wünschen. Verzeihen besteht keineswegs darin, Verletzungen nicht sehen zu wollen, sie zu vertuschen oder einfach zu übergehen. Ich bin immer tief beeindruckt, wenn Menschen, denen Schlimmes angetan wurde, im Nachhinein verzeihen können.

Ein Vorbild für Versöhnen und Verzeihen ist Nelson Mandela, der wegen seines Kampfes für Menschenrechte und gegen das südafrikanische Apartheidregime 27 Jahre inhaftiert war. Ergraut, aber ungebrochen, ohne Bitternis oder einen Blick zurück im Zorn war er großmütig zur Versöhnung bereit. »Ich werde verzeihen. Aber ich werde nie vergessen.«

Das Neue Testament lehrt Christen: »Selig, die Frieden stiften, denn sie werden Söhne Gottes genannt werden.«[70]

Ebenfalls findet sich dort das Zitat: »Wer vergibt, dem wird vergeben!« Und im Vaterunser beten wir: »... und vergib uns unsere Schuld, wie auch wir vergeben unseren Schuldigern«.

Die heilige Schrift überliefert uns eindrucksvolle Lebenszeugnisse dieser Haltung, beispielsweise das des ersten Märtyrers Stephanus, der für diejenigen betete, die ihn steinigten. Und auch Jesus betete für seine Peiniger: »Vater, vergib ihnen; denn sie wissen nicht, was sie tun.«[71]

Wenn wir Verletzungen nicht loslassen und die Vergangenheit nicht abschließen können, sind wir nicht frei und diese Unfreiheit hindert uns daran, glücklich zu sein und uns für Neues öffnen zu können. Die Vergangenheit loszulassen, ist nur möglich durch Verzeihen. Ich weiß aus eigener Erfahrung, wie schwer es sein kann, etwas zu verzeihen. Vergeben und Verzeihen sind Allheilmittel für seelische Wunden. Man tut sich oft leichter im Verzeihen von Unzulänglichkeiten anderer als eigener Unzulänglichkeiten. Wenn wir so zu unseren Freunden und Bekannten wären, wie wir manchmal zu uns selbst sind, hätten wir schon längst keine Freunde mehr.

Die wichtigste Voraussetzung dafür, sich selbst etwas zu verzeihen, besteht darin, zu sich selbst und zu den nicht so gelungenen Anteilen unseres Lebens zu stehen, sie als einen Teil des eigenen Lebens zu akzeptieren, Verständnis für sich selbst zu entwickeln und sich mit den belastenden Ereignissen des Lebens zu versöhnen. Dadurch kann innerer Druck abgebaut und Freiheit und Unabhängigkeit gewonnen werden: Das Verständnis für sich selbst und der Versöhnungsprozess mit dem, was nicht so gut gelaufen ist, kann neue Energien freisetzen und es ermöglichen, sich neu zu positionieren und in Harmonie mit sich und anderen zu leben.

Wer beispielsweise auf einen Heiratsschwindler oder einen Straftäter hereingefallen ist, schämt sich natürlich und versucht das vor der eigenen Familie und dem sozialen Umfeld zu verbergen. Man versteht es ja selbst nicht, wie das passieren konnte, und möchte sich Vorwürfe von anderen ersparen. Ein unbefangener Umgang mit diesem Familiengeheimnis ist nur möglich, wenn man sich eingesteht, wichtige Dinge übersehen zu haben, vielleicht sogar getäuscht worden zu sein und durch Täuschung falsche Entscheidungen getroffen hat. Ohne, dass man Verständnis für sich selbst entwickelt, wird man auch keines von anderen bekommen. Wer vor sich selbst bekennt: »Ja, ich habe einen bösen Fehler gemacht«, der befreit sich von dem Bann der Geheimhaltung, wird unangreifbar und hat es auch nicht mehr nötig, die dunklen Schatten seiner Vergangenheit zu vertuschen.

Sich selbst verstehen zu lernen und sich selbst Dinge zu verzeihen, die einem unterlaufen sind, ist Voraussetzung dafür, anderen Fehltritte und Fehlleistungen verzeihen zu können. Ob ein Kuckuckskind beispielsweise seiner Mutter verzeihen kann, ihm seine wahre Herkunft verschwiegen zu haben, ist fraglich. Wenn überhaupt, kann es nur verstehen und verzeihen, wenn es sich in die Situation der Mutter hineinversetzt, den Sachverhalt aus ihrer Sicht betrachtet und dabei die Biografie der Mutter miteinbezieht. Ein Kuckuckskind muss sich fragen, warum die Mutter das getan hat und ob sie jemandem schaden oder ihn schützen wollte. Das Verstehen der Motive, warum ein Familiengeheimnisses aufgebaut und so lange aufrechterhalten wurde, spielt eine bedeutsame Rolle für das Verzeihen. Kinder, die beispielsweise aufdecken, dass ihre Väter oder Großväter an Naziverbrechen beteiligt waren, können das aus ihrer Lebenserfahrung überhaupt nicht begreifen. Sie können aber den Versuch machen, die Biografie ihrer Angehörigen, die Zeit in der sie gelebt haben, von der sie geprägt wurden, und den Zeitgeist, von dem damals Millionen infiziert waren, mit in ihre Überlegungen einzubeziehen.

Der österreichische Schriftsteller Karl Heinrich Waggerl sagte einmal: »Wer verurteilt, kann irren, wer verzeiht, irrt nie.«

Darüber hinaus ist es ungesund, nachtragend zu sein, sich selbst und anderen etwas nicht verzeihen zu können. Solange wir jemandem etwas nachtragen, ist nicht der andere das wahre Opfer, sondern wir sind es selbst! Solange wir uns auf unsere seelischen Verletzungen konzentrieren, geben wir dem Menschen, der uns verletzt hat, erhebliche Macht über uns. Verzeihen dagegen hilft, zur seelischen Balance zurückzufinden. Dabei ist nicht einmal eine persönliche Versöhnung notwendig, es reicht schon, anderen mental zu verzeihen. Es kommt eigentlich nur darauf an, dass wir den Ballast der Vergangenheit abwerfen, um unbelastet die Gegenwart und Zukunft gestalten zu können.

Ein ehrliches Verzeihen setzt einen *Perspektivwechsel* voraus, mit dem Ziel, sich in den anderen hineinzuversetzen. Nur wer bereit ist, seine eigenen dunklen Seiten zu akzeptieren und diese auch anderen zuzugestehen, ist zum Verzeihen bereit. Wer nicht verzeihen kann, straft sich selbst, denn Groll ist ein schleichendes Gift, das alles zerstört. Nur Loslassen und Verzeihen dagegen bedeuten Entlastung und Erlösung. Jeder kennt vermutlich das Gefühl der Befreiung und Erleichterung nach einer Versöhnung, wenn einem ein Stein vom Herzen fällt.

Oft verstehen wir uns selbst nicht, gerade dann, wenn wir uns verletzt oder hilflos fühlen. Wir möchten die Kontrolle über uns und unsere Gefühle haben, fühlen uns aber unseren eigenen inneren Reaktionen ausgeliefert. Dann spüren wir in uns das »innere Kind«, das wir einmal waren und das heute noch in uns lebt, auch wenn wir längst erwachsen sind. Unser »inneres Kind« spürt immer noch die Angst davor, zurückgewiesen zu werden und nicht liebenswert zu sein. Es ist aber auch das Symbol für unsere Verwundbarkeit, unsere Angst, zurückgewiesen zu werden. Es steht für unsere Sehnsucht nach Liebe, nach Anerkennung, nach der Bestätigung, dass wir so, wie wir sind, in Ordnung sind. Sich mit diesem »inneren Kind« in uns auseinanderzusetzen, führt dazu, sich selbst auf neue Weise kennen- und verstehen zu lernen, sich anzunehmen und sich mit sich selbst versöhnen zu können. Und erst, wer es gelernt hat, sich mit sich und seinen Schattenseiten zu versöhnen, ist dazu fähig, auch anderen zu verzeihen.

Sich mit sich selbst und dem eigenen »inneren Kind« auszusöhnen, ist ein längerer Prozess und bedeutet, Verantwortung für sich selbst und sein Leben zu übernehmen, was natürlich auch mit Angst verbunden ist. Wer sich der Aussöhnung mit seinem »inneren Kind« stellt, wird zunehmend unabhängig von der Beachtung, dem Wohlwollen und der Zuneigung anderer. Es geht darum, uneingeschränkt ja zu sich zu sagen, zu seinem Schicksal, zu seiner Herkunftsfamilie, seinem Namen, seinem Körper und seinen Fähigkeiten, seinen Erfolgen und Misserfolgen. Sein Leben zu akzeptieren und anzunehmen bedeutet auch, die eigenen Vorzüge zu entdecken und Grenzen zu akzeptieren. Illusionen und Träume, die nicht realisierbar waren, muss ich loslassen, Bitterkeit und Kränkung abgeben, Verletzungen heilen lassen, statt sie zu pflegen. So, wie ich mich uneingeschränkt bejahen sollte, um zufrieden sein zu können, so muss ich auch lernen, mich abzugrenzen und nein zu sagen.

Wer sich mit sich selbst und seiner Vergangenheit versöhnt, übernimmt Verantwortung und muss sich nicht mehr an Defiziten der Vergangenheit festhalten. Aus der inneren Reife heraus hat man es dann nicht mehr nötig, die eigene Vergangenheit und das, was nicht so geworden ist, wie man es sich erträumte, anderen, beispielsweise seinen Eltern, anzulasten oder es sich in Form von Lebenslügen schönzureden. Wir erkennen und verstehen, dass nicht nur Erfolge, sondern auch Niederlagen zu unserem Leben gehören und dass es Stärke bedeutet, zu seinen Schwächen zu stehen.

Wir können unsere Vergangenheit nicht aus unserer Lebensgeschichte streichen. Aber es gibt eine Chance, sich mit der eigenen Vergangenheit zu versöhnen: Das Erkennen und Benennen der Wahrheit soll zu Verständnis, Verzeihung und Versöhnung führen. Versöhnung mit sich selbst und mit den Menschen, die uns wichtig sind. Das Ergebnis dieses Versöhnungsprozesses sollte am Ende sein, im eigenen Leben zu Hause zu sein.

Die Neuordnung des Lebens

Wer ein Familiengeheimnis benennt und aufdeckt, konfrontiert nicht nur sich selbst, sondern auch alle, die ihm nahestehen, mit unangenehmen Wahrheiten. Das ist häufig ein schmerzhafter Prozess, denn man muss mit bisher verleugneten Gedanken und Gefühlen fertig werden. Man muss auch damit rechnen, dass sich ein Teil der Menschen, die sich Freunde nannten, verabschieden. Sich einer Lebenslüge zu stellen, bedeutet auch, zuzulassen, dass das bisherige Leben zunächst aus dem Gleichgewicht gerät, weil durch das Bekenntnis dessen, was ist, das Lügengebäude, das uns vorher vor unangenehmen Konfrontationen bewahrt hat, zusammenbricht. Wir müssen uns eine neue Identität aufbauen, in der wir uns sowohl zu unseren Stärken wie auch zu unseren Schattenseiten bekennen.

Durch das Aufrechterhalten der Fassade aus Lebenslügen geraten unsere Seele, unser Gefühlsleben, unser Lebenskonzept und unsere zwischenmenschlichen Beziehungen aus dem Lot, in Unordnung. Mit der Selbsterkenntnis und dem Bekenntnis zu unserem wirklichen, ungeschönten Leben, das aus einem Gebäude aus Illusionen, Selbsttäuschungen und Lügen bestand, kehrt endlich Ordnung ein. Wir werden allmählich ruhiger und authentisch und beginnen damit, in unserem Leben aufzuräumen. Ganz besonders wichtig ist das Ordnen unserer Beziehungen. Viele Beziehungen werden während dieser Phase auf den Prüfstand gestellt, infrage gestellt, eventuell sogar beendet.

Diese Umstrukturierungsmaßnahmen sind einerseits erforderlich, andererseits aber auch schmerzlich, in jedem Fall aber langwierig. Man muss bekennen und benennen, dass und inwieweit man sich und anderen etwas vorgemacht hat. In der Folge kann es schlimmstenfalls sogar passieren, dass der Partner, die Familie und Freunde sich zurückziehen, weil sie sich getäuscht fühlen. Wer sein Leben radikal aufräumt, muss damit rechnen, dass er nicht nur Anerkennung und Applaus dafür erhält. Viele Menschen neigen dazu, radikale Kehrtwendungen nicht mitzuvollziehen, weil sie lieber alles beim Alten lassen wollen. Wenige, vor allem diejenigen, die unter den unklaren Verhältnissen gelitten haben, reagieren erleichtert, und Geheimnisträger, die bisher die Lebenslüge mitgetragen haben, werden entlastet und können endlich ihr Schweigen brechen. Oft haben die neu gewonnenen Einsichten zur Folge, dass sich Grundlegendes verändert, beispielsweise Wohnort oder Beruf. Aber auch das Ordnen der Finanzen oder der Familienverhältnisse können solche grundlegenden Veränderungen sein.

Wenn man sich grundsätzlich verändert und den Schritt vollzogen hat, von nun an authentisch zu leben mit der Folge der Umstrukturierung von Familienbeziehungen beispielsweise durch Trennung oder Scheidung, ist es wichtig, sich selbst und den anderen Zeit zu lassen. Derjenige, der sein Leben ordnet und umstrukturiert, ist allen anderen einen Schritt voraus. Deshalb muss man anderen Zeit geben, um sich an eine andere Realität zu gewöhnen und um Verständnis für den neuen Lebensweg werben.

Jeder, der Grundlegendes in seinem Leben verändern möchte, braucht unendlich viel Geduld und noch mehr Durchhaltevermögen. Rückschläge und das Zurückfallen in alte Gewohnheiten und Verhaltensmuster drohen. Es erfordert Kraft, den eingeschlagenen Weg beizubehalten, und es kann Monate, manchmal sogar Jahre dauern, bis man sein Leben neu geordnet hat. Hierzu ein Beispiel:

Jochen, 67:
»Wenn ich ehrliche Lebensrückschau betreibe, frage ich mich immer wieder, warum ich in meinem Leben so un-

glaublich viele Umwege machen musste. Warum konnte ich mein Leben nicht von vornherein genießen? Warum musste ich so entsetzlich viel falsch in meinem Leben machen? Ich glaube, auf all diese Fragen gibt es eine einfache Antwort. Wie könnte ich der Selbsthilfegruppe der Anonymen Alkoholiker einen Weg aus dem Tal des Säuferelends zeigen, wenn ich diesen Weg nicht selbst gegangen wäre? Nur ein Betroffener kann diese Sucht wirklich verstehen. Wenn ich es mit einem neuen Klienten zum ersten Mal zu tun habe, dann lege ich meine Karten offen auf den Tisch. Die Reaktion des Klienten ist immer die gleiche: Er ist erleichtert und fühlt sich zu Hause. Wir brauchen keine Maske zu tragen und können uns offen und ehrlich begegnen. Ich bin davon überzeugt, dass nur Alkoholiker anderen Alkoholikern helfen können.

Blicke ich auf mein Leben als Alkoholiker zurück, dann erkenne ich, wie viel ich mir und der Welt schuldig geblieben bin. Aber ich sehe auch, dass ich meine Chance zur Umkehr genutzt und etwas wieder gutgemacht habe. Ich bin auch heute nicht perfekt, aber ich bin auf dem richtigen Kurs. Hoffentlich bleiben mir noch einige Jahre, um alle Schulden zu tilgen und alle Schäden wiedergutzumachen, die ich mir und anderen zugefügt habe.«

Anhang

Quellen

1. Züchtigungsrecht. Unter: http://de.wikipedia.org/wiki/Z% C3%BCchtigungsrecht nach dem Stand vom 07.07.2008
2. Grimm, Brüder, (1999). Kinder- und Hausmärchen. Vollständige Ausgabe, S. 46–50. 19.A., Düsseldorf und Zürich: Artemis & Winkler / Patmos
3. Riedel, Ingrid (1996). Tabu im Märchen. Die Rache der eingesperrten Natur. München: dtv
4. vgl. Grimm, Brüder. A. a. O.
5. Die Bibel. Das Alte Testament: Das erste Buch Mose 4,1–16 (Nach der deutschen Übersetzung Martin Luthers in der revidierten Fassung von 1984, Stuttgart 1999)
6. Die Bibel. Das Alte Testament: Das erste Buch Mose 37–50. Vgl. Anm. 5
7. vgl. Döring, Dorothee (2006). Über Fünfzig – na und! Mit Selbstbewusstsein und Lebensfreude in die zweite Lebenshälfte. Lahr: Ernst Kaufmann
8. vgl. Döring, Dorothee (2006). Wodurch wir wurden, was wir sind – Familienprägungen erkennen und verstehen. Stuttgart: Kreuz
9. vgl. Privatinsolvenz. Unter: http://www.anuber.de/privatinsolvenz.html nach dem Stand vom 16.07.2008
10. vgl. Koark, Anne (2003). Insolvent und trotzdem erfolgreich. Göttingen: Business Village
11. Weichelt, Ingrid (2003). Wie Frauen fremdgehen. In: WOMAN, Ausg. 14, S. 124ff.

[12] Maurer, Heike (2002). Wenn Männer lügen. Reinbek: Rowohlt
[13] vgl. Döring, Dorothee (2005). Dinner for One – Single-Leben als Chance. Neukirchen-Vluyn: Neukirchener Verlagshaus
[14] ZDF-Dokumentation in der Reihe 37 Grad (08.04.2008). Mein Schatz, der Heiratsschwindler
[15] WDR-Dokumentation in der Reihe FrauTV (21.11.2007). Bezness – Das Geschäft mit der Liebe
[16] Kern, Evelyne (2007). Sand in der Seele. Bayreuth: Kern
[17] Mischke, Susanne (2006). Liebeslänglich. München: Piper
[18] ZDF-Dokumentation in der Reihe ML Mona Lisa (21.10.2007). Mein Vater war ein Pfarrer
[19] ARD-Talkshow Beckmann (22.05.2006)
[20] Bruhns, A. und P. Wensierski. (2006). Gottes heimliche Kinder. Söhne und Töchter von Priestern erzählen ihr Schicksal. München: dtv
[21] Schmollack, Simone (2008). Kuckuckskinder – Ich fühlte nur noch Fremdheit. Unter: http://www.spiegel.de/panorama/0,1518,548052,00.html nach dem Stand vom 23.07.2008
[22] Sauber, Mark (2005). Kuckuckskinder – Wenn Väter zweifeln. Unter: http://www.3sat.de/specials/75237/index.html nach dem Stand vom 23.07.2008
[23] Borderlinesyndrom. Unter: http://www.sprechzimmer.ch/sprechzimmer/Krankheitsbilder/Borderline_Syndrom_borderline_persoenlichkeitsstoerung.php nach dem Stand vom 16.07.2008
[24] Sachsse, Ulrich (2000). Selbstverletzendes Verhalten – somatopsychosomatische Schnittstelle der Borderline-Persönlichkeitsstörung. Aus: Handbuch der Borderline-Störungen, Sonderausgabe. Stuttgart: Schattauer. Unter: http://www.

blumenwiesen.org/svv-funktionen.html nach dem Stand vom 23.07.2008
[25] Sachse, Ulrich. A. a. O.
[26] Stratton, Allan (2005). Worüber keiner spricht. München: dtv
[27] Unger, Hella von (2000). Versteckspiel mit dem Virus – Aus dem Leben HIV-positiver Frauen. In: Aids-Forum DAH, Band 38. Berlin: Deutsche A.I.D.S.-Hilfe. Zitiert unter: http://www.center4all.de/mitglieder/aids/geheimhaltung.htm nach dem Stand vom 23.07.2008
[28] Lill-Debus, Margrit (2002). Gegen das Vergessen, Kapitel 16. Unter: http://www.bluter-info.de/modules.php?name=Downloads&d_op=MostPopular nach dem Stand vom 23.07.2008
[29] vgl. Droge. Unter: http://de.wikipedia.org/wiki/Droge nach dem Stand vom 18.07.2008
[30] A-Connect e.V. Frauen und Alkohol. Unter: http://www.a-connect.de/frau.php nach dem Stand vom 13.07.2008
[31] Furch, Magdalene (2003). Wenn Sehnsucht zur Sucht wird. Asslar: Gerth Medien
[32] Geschwandtner, Franz (2002). Suchtgefährdung von Kindern alkoholkranker Eltern. Unter: http://www.praevention.at/upload/documentbox/suchtgefaehrdung_von_Kindern_alkoholkranker_eltern.pdf nach dem Stand vom 23.07.2008
[33] BMGS-Pressestelle Berlin (28.12.2004). Unter: http://www.krankenschwester.de/forum/pressebereich/4538-doku-Familiengeheimnisse-Eltern-suchtkrank-Kinder-leiden.html nach dem Stand vom 23.07. 2008
[34] Bundesministerium für Gesundheit und Soziale Sicherung. (2004). Dokumentation: Familiengeheimnisse – Wenn die Eltern suchtkrank sind und die Kinder leiden. Bestellnummer: A 607

[35] Sauer, Elke (2002). Ist das mein Kind? Bergisch-Gladbach: Lübbe
[36] Körtel, Käthe; Prothmann, Bettina. Leitfaden für Multiplikatoren: Kindern von Suchtkranken Halt geben – durch Beratung und Begleitung. Unter: http://www.bkk.de/bkk/common/download/infomaterial/Kindern_von_Suchtkranken_Halt_geben__Beratung_Begleitung.pdf nach dem Stand vom 23.07.2008
[37] Körtel, Käthe; Prothmann, Bettina. A. a. O.
[38] Jungniki., Saskia; Wittstock, Birgit (2007). Und niemand sieht es. In: DIE ZEIT Nr. 51. Unter: http://www.zeit.de/2007/51/Kindesmisshandlung nach dem Stand vom 15.07.2008
[39] WDR5 Reihe: LebensArt (27.11.2007). Schamvoll verschwiegen – Gewalt in der Partnerschaft. Unter: www.hilferuf.de/forum/gewalt/54054-haeusliche-gewalt-2.html nach dem Stand vom 15.07.2008
[40] Lamnek, Siegfried; Luedtke, Jens; Ottermann, R. (2003). Tatort Familie. Häusliche Gewalt im gesellschaftlichen Kontext. Wiesbaden: VS Verlag für Sozialwissenschaften
[41] Schmidbauer, Wolfgang (2007). Mobbing in der Liebe – Wie es dazu kommt und was wir dagegen tun können. Gütersloh: Gütersloher Verlagshaus
[42] WDR5 Reihe: LebensArt (06.11.2007). Du Versager! Mobbing in der Paarbeziehung
[43] Hirigoyen, Marie-France (2002). Die Masken der Niedertracht: seelische Gewalt im Alltag und wie man sich dagegen wehren kann. München: dtv
[44] vgl. Döring, Dorothee (2008). Gemeinsam statt einsam – Wenn meine Eltern Pflege brauchen. Moers: Brendow
[45] vgl. Döring, Dorothee. A. a. O.
[46] NDR-Fernsehreportage (05.08.2007). Familienschande – unser Sohn hinter Gittern

47 ZDF-Dokumentation in der Reihe 37 Grad (1996). Im Lügengefängnis
48 Zahlen und Fakten zu Homosexualität. Unter: http://www.feelok.ch/v1/db/allgemeineASP/printsave.asp?code=L_Homo_Zahlen&program=liebe nach dem Stand vom 13.07.2008
49 WWU Münster, Zentrum für Lehrerbildung (2005). Schulische Prävention: Spezifische Folgen bei Inzest. Unter: http://www.schulische-praevention.de/Spezifische_Folgen_b.190.0.html nach dem Stand vom 25.06. 2008
50 Döring, Dorothee (2006). Wodurch wir wurden, was wir sind – Familienprägungen erkennen und verstehen. A. a. O., S. 30
51 Müller-Hohagen, Jürgen (2005). Verleugnet, verdrängt, verschwiegen. Seelische Nachwirkungen der NS-Zeit und Wege zu ihrer Überwindung. München: Kösel
52 Döring, Dorothee. A. a. O., S. 30
53 Fried, Amelie (2008). Schuhhaus Pallas. Wie meine Familie sich gegen die Nazis wehrte. München: Carl Hanser
54 Pollack, Martin (2004). Der Tote im Bunker – Bericht über meinen Vater. Wien: Zsolnay
Klein, Erich (2004). Rezension zu: Der Tote im Bunker. Wien: Falter. Unter: http://www.falter.at/rezensionen/detail.php?id=2273 nach dem Stand vom 14.07.2008
55 Grimbert, Philippe (2007). Ein Geheimnis. Hamburg: Suhrkamp
56 Scheub, Ute (2006). Das falsche Leben. Eine Vatersuche. München: Piper
57 vgl. Fördergesellschaft Kulturelle Bildung e.V. (2006). Eine Vatersuche. Unter: http://www.lernen-aus-der-geschichte.de/?site=ne20060924190227 nach dem Stand vom 24.07.2008
58 Schmitz-Köster, Dorothee (2007). Kind L 364. Eine Lebensborn-Familiengeschichte. Berlin: Rowohlt

[59] Heidenreich, Gisela (2004). Das endlose Jahr. Frankfurt a. M.: Fischer
Heidenreich, Gisela (2007). Sieben Jahre Ewigkeit. München: Droemer/Knaur
[60] WDR Fernsehen (27.10., 30.10., 03.11.2006). Deutschen- und Russenkinder
[61] Picaper, Jean Paul und Norz, Ludwig (2005). Die Kinder der Schande. München: Piper
[62] Drolshagen, Ebba D. (2005). Wehrmachtskinder – Auf der Suche nach dem nie gekannten Vater. München: Droemer
[63] Kunze, Reiner (1980). Die wunderbaren Jahre. 31. A. Frankfurt a. M.: Fischer
[64] Henckel von Donnersmarck, Florian (2006). Das Leben der Anderen. Kinofilm 2006
[65] Lengsfeld, Vera (2002). Von nun an ging's bergauf ... Mein Weg zur Freiheit. München: Herbig
[66] Thiemann, Ellen (2005). Der Feind an meiner Seite – Die Spitzelkarriere eines Fußballers. München: Herbig
[67] WDR-Fernsehen, Segment Menschen hautnah (16.02.2005). Mein Vater – ein Spion
[68] SWR-Fernsehen, Talkshow Nachtcafé (13.09.2007). Leichen im Keller
[69] Bar-On, Dan (2003). Die Last des Schweigens. Gespräche mit Kindern von NS-Tätern. Hamburg: Edition Körber Stiftung
[70] Die Bibel. Das Neue Testament: Mathäus 5,8. Vgl. Anm. 5
[71] Die Bibel. Das Neue Testament: Lukas 23, 32–43. Vgl. Anm. 5

Literaturempfehlungen

Allgemein:

Boszormenyi-Nagy, Ivan und Spark, Geraldine M.: (1990). Unsichtbare Bindungen. Stuttgart: Klett/Cotta
Bradshaw, John (1999). Familiengeheimnisse. Warum es sich lohnt, ihnen auf die Spur zu kommen. München: Goldmann
Chu, Victor (2005). Lebenslügen und Familiengeheimnisse. Auf der Suche nach der Wahrheit. München: Kösel
Hirigoyen, Marie-France (2002). Die Masken der Niedertracht: Seelische Gewalt im Alltag und wie man sich dagegen wehren kann. München: Dtv
Imber-Black, Evan (Hrsg.) (1995). Geheimnisse und Tabus in Familie und Familientherapie. Freiburg: Lambertus
Lamnek, Siegfried; Luedtke, Jens; Ottermann, R. (22003). Tatort Familie. Häusliche Gewalt im gesellschaftlichen Kontext. Wiesbaden: VS Verlag für Sozialwissenschaften
Nuber, Ursula (2007). Lass mir mein Geheimnis. Warum es gut tut, nicht alles preiszugeben. Frankfurt a. M.: Campus
Perner, Rotraud A. (1999). Darüber spricht man nicht. München: Kösel
Riess, Nicole (2007). Familienmythen, Familiengeheimnisse, Familiengesetze – Eltern in ihren Lebenszusammenhängen und ihrer Geschichte verstehen. Heidelberg: Carl Auer
Tisseron, Serge (1998). Die verbotene Tür – Familiengeheimnisse und wie man mit ihnen umgeht. München: Antje Kunstmann

Zum Thema Gefühlsmissbrauch:

Kern, Evelyne (2007). Sand in der Seele. Bayreuth: Kern
Steinhardt, Juern (2004). Manche Männer sind zu teuer. Norderstedt: BoD

Zum Thema tabuisierte Erkrankungen in der Familie:

Levenkron, Steven (2001). Der Schmerz sitzt tiefer. Selbstverletzung verstehen und überwinden. München: Kösel
Sachsse, Ulrich (1998). Blut tut gut. Genese, Psychodynamik und Psychotherapie offener Selbstbeschädigungen der Haut. In: Hirsch, M.(Hrsg.): Der eigene Körper als Objekt. Zur Psychodynamik selbstdestruktiven Körperagierens. Gießen: Psyochosozial-Verlag
Sachsse, Ulrich (2002). Selbstverletzendes Verhalten. Psychodynamik – Psychotherapie. Das Trauma, die Dissoziation und ihre Behandlung. Göttingen: Vandenhoeck & Ruprecht
Schneider, Anke (2004). ... damit ich mich spüre ... Zur Symptomgenese und Symptomspezifität Selbstverletzenden Verhaltens. Berlin: Logos
Schone, Reinhold und Wagenblass, Sabine (2002). Wenn Eltern psychisch krank sind. Kindliche Lebenswelten und institutionelle Handlungsmuster. Münster: Votum
Simon, Fritz B. (1990). Meine Psychose, mein Fahrrad und ich. Heidelberg: Carl Auer
Teuber, Kristin (1998). Ich blute, also bin ich. Selbstverletzung der Haut von Mädchen und jungen Frauen. Herbolzheim: Centaurus

Zum Thema Drogensucht in der Familie:

Böckem, Jörg (2005). Lass mich die Nacht überleben. München: DVA

Zum Thema Gewalt in der Familie:

Buskotte, Andrea (2007). Gewalt in der Partnerschaft. Ursachen, Auswege, Hilfen. Düsseldorf: Patmos
Szomoro, Sonja (2006). Wer einmal schlägt, wird's wieder tun. München: Starks-Sture Verlag
Weiss, Andrea; Winterer, Heidi (2007). Stalking und häusliche Gewalt. Interdisziplinäre Aspekte und Interventionsmöglichkeiten. Freiburg: Lambertus

Zum Thema Sexuelle Normabweichung in der Familie:

Karremann, M. (2007). Es geschieht am helllichten Tag – Die verborgene Welt der Pädophilen und wie wir unsere Kinder vor Missbrauch schützen. Köln: DuMont

Zum Thema Kriegs- und ideologiebedingte Familiengeheimnisse:

Bruhns, Wibke (2004). Meines Vaters Land. München: Econ
Heer, Hannes (2005). Hitler war's. Berlin: Aufbau-Verlag
Schmitz-Köster, Dorothee (2007). Kind L 364. Eine Lebensborn-Familiengeschichte. Reinbek: Rowohlt
Timm, Uwe (2003). Am Beispiel meines Bruders. Köln: Kiepenheuer & Witsch

Adressen

Hier finden Sie allgemein Rat und Hilfe:

- Telefonseelsorge:
Evangelisch: Tel. 0800-1110111
Katholisch: Tel. 0800-1110222

- Sozialdienst kath. Frauen: s. örtliches Telefonbuch

- Polizei, Notruf 110

- Notarzt 112

- Das Kinder- und Jugendtelefon:
Tel.: 0800-1110333
E-Mail: info@kinderundjugendtelefon.de

- Deutscher Kinderschutzbund
Tel. 0511-304850
E-Mail: dksbbvev@aol.com

Thema: Sozialer Abstieg

Bundesarbeitsgemeinschaft Schuldnerberatung e.V.
Wilhelmsstr. 11, 34117 Kassel
Tel.: 0561-771093
www.meine-schulden.de
www.bag-schuldnerberatung.de
Über eine Suchmaschine findet man schnell eine Beratungsstelle vor Ort

Thema: Tabuisierte Erkrankungen in der Familie

Deutsche AIDS-Hilfe e.V.
Dieffenbachstraße 33
10967 Berlin
Tel.: 030-6900870
Fax: 030-69008742
E-Mail: dah@aidshilfe.de
www.aidshilfe.de

AIDS-Hilfe NRW e. V.
Dirk Meyer
Hohenzollernring 48
50672 Köln
Tel.: 0221-92599616
Fax: 0221-9259969
E-Mail dirk.meyer@nrw.aidshilfe.de
www.ahnrw.de

BZgA-Telefonberatung zu HIV und Aids:
Tel.: 01805-555 444

Thema: Drogensucht in der Familie

Freundeskreise für Suchtkrankenhilfe – Bundesverband e.V.
Selbsthilfeorganisation
Tel.:0561-780413
Fax: 0561-711282
E-Mail: mail@freundeskreise-sucht.de

Bundesweite Sucht und Drogen Hotline
Tel: 01805-313031 (12 Cent/Minute aus dem dt. Festnetz)

Anonyme Alkoholiker
Tel.: 19295 (bundesweit)
www.anonyme-alkoholiker.de

Anonyme Spieler
Tel.: 040-2099009
www.anonyme-spieler.org

Verband ambulanter Beratungsstellen für Suchtkranke/Drogenabhängige e.V.
Karlstraße 40
79104 Freiburg/Breisgau
Tel.: 0761-200363
Fax: 0761-200350
www.vabs.caritas.de/
E-Mail: vabs@caritas.de

BZgA-Telefonberatung zu Suchtvorbeugung:
Tel.: 0221-892031

BZgA-Telefonberatung zur Glücksspielsucht:
Tel.: 01801-372700

Thema: Gewalt in der Familie

Weißer Ring (Opferschutz)
Tel.: 06131-8303-0
E-Mail: info@weisser-ring.de

Bundesweites Info-Telefon: 01803-343434

Bundesverband Frauenberatungsstellen und Frauennotrufe
Geschäftsstelle Rungestraße 22–24
10179 Berlin
vermittelt bundesweite Anlaufstellen unter.
Tel.: 030-322995-00
E-Mail: info@bv-bff.de

- Frauenhäuser
  Tel.: 19702-19704, 19715

- Dachverband der autonomen Frauenberatungsstellen NRW. Unter: http://www.frauenberatungsstellen-nrw.de/content/beratungsstellen/ nach dem Stand vom 25.07.2008

- Zentrale Informationsstelle Autonomer Frauenhäuser, Kassel, Tel.: 0561-8203030, E-Mail: zif-frauen@gmx.de

- Selbsthilfegruppe »Frauen helfen Frauen«
  Tel.: 04531/86772

Thema: Sexuelle Normabweichung in der Familie

Zartbitter e.V.
Kontaktstelle gegen sexuellen Missbrauch an Jungen und Mädchen
Sachsenring 2–4
50677 Köln
Tel.: 0221-312055
www.zartbitter.de
www.wildwasser.de – gegen sexuelle Gewalt
Adressen: Hilfe in Eurer Nähe. Karte Deutschland: In vielen Orten gibt es Beratungsstellen. Region anklicken.